Lernkrimi Schwedisch

Mordet på fjorden

Charlotte Müntzing
Helena Waubert de Puiseau
Sanna Ad Nilsson

compact

Weitere Informationen zu Compact Lernkrimis finden Sie am Ende des Buches und unter www. lernkrimi.de.

Baierbrunner Straße 27, 81379 München
Ausgabe 2018

Redaktion: Isabella Bergmann
Fachkorrektur: Fredrik Ahnsjö, Ulla Pistor
Produktion: Ute Hausleiter
Titelillustration: Karl Knospe
Lernkrimi-Logo: Carsten Abelbeck
Gestaltung: EKH Werbeagentur GbR, textum GmbH
Umschlaggestaltung: red.sign GbR Stuttgart; Hartmut Baier

ISBN 978-3-8174-1972-2
381741972/1

www.compactverlag.de, www.lernkrimi.de, www.facebook.de/lernkrimi

Vorwort

Liebe Leserin, lieber Leser,

sicher zum Lernerfolg – mit Spaß und Spannung! Die Compact Lernkrimis mit ihrer Kombination aus Lektüre und didaktischem Übungsanteil eignen sich hervorragend, um breite Sprachkompetenzen in der Fremdsprache zu erwerben. Der Lerner wird dabei durch die spannende Handlung, das angemessene Sprachniveau und den stetig ansteigenden Schwierigkeitsgrad der Übungen gefördert und motiviert.
Entwickelt nach neuesten Erkenntnissen der Fremdsprachendidaktik, sind Compact Lernkrimis das ideale Medium für einen Lernerfolg im Selbststudium. Durch die kleinen Texteinheiten und den hohen Übungsanteil sind sie aber auch als Unterrichtslektüre bestens geeignet.

So lernen Sie mit Compact Lernkrimis:

- **Mit Begeisterung lernen:** Die packende Krimihandlung motiviert Sie beim Lesen des schwedischen Originaltextes.
- **Wissen intensivieren und erweitern:** Durch die Kombination aus didaktisch aufbereiteter Lektüre und textbezogenen Übungen testen und trainieren Sie Ihre Sprachkenntnisse effektiv. Vokabelangaben auf jeder Seite unterstützen Sie beim Lesen.
- **Systematisch lernen:** Knüpfen Sie an Ihr individuelles Sprachniveau an und setzen Sie eigene Lernziele.
- **Unabhängig sein:** Lernen Sie individuell – wo und wann immer Sie wollen.

Viel Spaß beim spannenden Erlernen der schwedischen Sprache
wünscht Ihnen

Prof. Dr. Christiane Neveling
Didaktik der romanischen Sprachen, Universität Leipzig

Inhalt

Mordet på fjorden

Charlotte Müntzing

1 Liket på färjan

Klockan 8.00 – 9.30

Kriminalinspektör Åke[i] Jansson lutar sig tillbaka i stolen. Han tittar ut **genom** fönstret. Solen strålar. Det är sommar. Om åtta timmar börjar hans **semester**. Han är ledig i fem veckor. Nu ska han **ligga lågt**. Inget **övertidsarbete**. Han **funderar** på att **göra sig osynlig**.

> Denken Sie sich bei der Aussprache von **å** das a einfach weg und schauen Sie nur auf den Kringel, dann haben Sie die richtige **Aussprache**: o.

Telefonen på hans skrivbord ringer. När den har ringt sju gånger **svarar** han. Det är hans chef som ringer.

"Du ska åka ner till Södra Hamnen. Båten från Sandefjord kommer in halv tio. De har hittat ett lik i ett av toalettrummen."

"Ett lik!" **utbrister** Åke Jansson. Ett lik är det sista han vill **reda ut** nu.

lik *n*	Leiche
färja *u*	Fähre
genom	durch
semester *u*	Urlaub
ligga lågt	*hier*: es langsam angehen lassen
övertidsarbete *n*	Überstunden (machen)
fundera	nachdenken, überlegen
göra sig osynlig	sich unsichtbar machen
svara	antworten
utbrista	ausrufen
reda ut ngt	etw. aufklären

"Ja, en död kvinna."

"Min semester börjar om åtta timmar", säger Jansson.

"Då har du åtta timmar på dig. Ta med dig Hansson", säger chefen och ringer av.

Nu ska jag vara effektiv, tänker Jansson.

Han tar upp telefonen och ringer till en kriminaltekniker.

"Möt mig vid Södra Hamnen", säger han. "Vi har fått ett lik på halsen."

På vägen ut från kontoret knackar han på en dörr. Kriminalassistent L. Hansson står det på dörren.

"Kom", säger han kort.

död	tot
börja	anfangen
ringa av	auflegen, Telefonat beenden
möta	treffen
få ngt på halsen	etw. angehängt bekommen
prata	sprechen
tidigare	früher
generad	verlegen
hända	passieren
axel *u*	Schulter
ö *u*	Insel

"Vi går en promenad. Du började ju arbeta här för en månad sedan. Vi har inte pratat med varandra tidigare. Vad betyder L?" undrar han.

"Jag heter Lena", säger kriminalassistenten. Hon räcker fram handen.

"Jaha", säger Åke och känner sig lite generad. "Jag berättar vad som har hänt", fortsätter han.

Die **Koster-Inseln** sind die westlichsten bewohnten Inseln Schwedens, größtenteils ein Naturreservat und autofrei. Sie sind besonders bekannt durch ihre Robbenkolonien. Von Strömstad fährt man mit der Fähre circa eine Stunde.

Lena hänger datorväskan över axeln. Hon går efter honom ut genom dörren. På sin promenad går de förbi båten till Kosteröarna[i]. Åke Jansson vinkar till skepparen som lutar sig mot relingen. De känner varandra. Båda kommer från Nordkoster. Där har Åke Jansson en stuga. Den har han ärvt av sin far. Där tillbringar Jansson all sin lediga tid. Hans pappa var fiskare. Åke hjälpte sin pappa med fisket. Pappan var mycket religiös. Han var Schartauan. Att arbeta är det enda som är viktigt i livet, ansåg han. Åke fick aldrig leka. Därför lärde han sig att snorkla först när pappan hade dött. Nu snorklar han hela somrarna i vattnen runt Kosteröarna. Där finns de artrikaste vattnen. Tidigare fanns där också mycket fisk. På vintrarna fiskade Åke och hans pappa både torsk och kolja. På våren och somrarna fångade de makrill. På hösten fiskade de hummer. Rödspätta, stekt i mycket smör och persilja, är det bästa Åke vet. Nu är rödspättan och många andra fisksorter nästan utfiskade. Nu måste vi sätta fart, tänker Åke Jansson. Jag arbetar inte i morgon. Jag åker ut till Koster. Han vill inte ens tänka på vad Herr Andersson säger om de

Die **Schartaunisten** sind eine schwedische Erweckungsbewegung, die besonders an der Westküste auftrat. Begründer war der schwedische, konservative Pastor Henric Schartau (1757-1825).

luta sig	sich lehnen
stuga *u*	(Sommer) Häuschen
tillbringa	verbringen
leka	spielen
dö	sterben
torsk *u*	Dorsch, Kabeljau
kolja *u*	Schellfisch
rödspätta *u*	Scholle
steka	braten
utfiskad	überfischt
sätta fart	in Fahrt kommen, "Gas geben"

Övning 1: Rätt eller fel? Welche Aussagen sind korrekt? Kreuzen Sie an!

1. Kriminalassistent Hansson heter Lena. ☒
2. Åke Jansson är kriminaltekniker. ☐
3. Herr Andersson är Åke Janssons chef. ☐
4. Åke Jansson tycker inte om fisk. ☐

inte kommer iväg. Herr Andersson är Åke Janssons älskade katt. En sex kilo tung, randig hankatt som tycker om stekt makrill. Båten som går mellan Sandefjord och Strömstad[i] ligger vid kajen på Torskholmen. Hundratals människor går i land. Från bildäcket kör bil efter bil ner på kajen.

"Hur många passagerare tar hon?" frågar Åke Jansson.

"Den här färjan", säger kaptenen, "hon tar ettusensjuhundra passagerare. På den här resan var det åttahundratretton. De är i land. Färjan går tillbaka till Sandefjord

Strömstad ist eine Kleinstadt im nördlichen Teil der Westküstenprovinz Bohuslän nicht weit von der norwegischen Grenze. Eine besondere kulinarische Spezialität der Stadt sind frische Strömstadgarnelen. Die Stadt hat Fährverbindung mit Sandefjord in Norwegen.

komma iväg	wegkommen
älskad	geliebt
hankatt *u*	Kater
bildäck *n*	*hier*: Autodeck
ta	(auf)nehmen
tillbaka	zurück

om en halvtimme. Men", fortsätter han, "de som hittade liket finns kvar ombord. Hela besättningen är också kvar." Kaptenen visar Åke Jansson vägen till ett toalettrum. På golvet framför handfatet ligger en kvinna. Hon har kort, blont hår. Hon ligger med ansiktet ner mot golvet. Inget blod, men ett stort rött märke över hennes ena tinning. Åke Jansson böjer sig över kvinnans kropp. Han känner med fingrarna över hennes hals. Ingen puls. Någon knackar på toalettrummets dörr. Kaptenen öppnar.

Övning 2: Fyll i tomrummen. Lesen Sie weiter und setzen Sie das passende Wort ein!

sin | och | frågar | på | sitter | ~~Utanför~~

1. *Utanför* står kriminalteknikern.

"Bra att du är här", säger Jansson. "Då tar du hand om det här."

I kaptenens hytt 2. ______ ett äldre par 3. ______ en kvinna i städrock. Åke Jansson sätter sig 4. ______ en stol. Han vänder sig först till städerskan.

"Vad vet du om det här?" 5. ______ han.

Samtidigt startar L. Hansson 6. ______ bandspelare.

"Jag ska städa. Jag öppnar dörren och går in toalettrummet", säger städerskan.

"Kvinnan ligger på golvet. Jag vet ingenting mera", fortsätter hon.

"Och ni?" Åke Jansson vänder sig till paret. "Vad vet ni?" Mannen och kvinnan ser på varandra.

"Det är inte mycket", säger mannen. "Vi sitter utanför toalettrummet. Vi väntar på att färjan ska komma till Strömstad."

"Ja, och då springer två flickor ut från toalettrummet", fortsätter hans fru. "De ser mycket upprörda ut."

"Vi tycker det är lite konstigt. Min fru går in på toaletten för att se vad som händer", säger mannen.

"Jag ser att det ligger en kvinna på golvet. Hon ligger alldeles stilla", säger kvinnan. Hon verkar nervös. Samtidigt som hon pratar fingrar hon på låset till sin handväska[i].

"Såg ni den döda kvinnan tidigare?" frågar Åke Jansson.

finnas kvar	noch da sein
golv *n*	Boden
handfat *n*	Waschbecken
tinning *u*	Schläfe
böja sig	sich beugen
känna	fühlen
hytt *u*	Kabine
städrock *u*	Putzkittel
städerska *u*	Reinigungskraft
bandspelare *u*	Tonbandgerät
vänta	warten
upprörd	erregt, aufgeregt
konstig	seltsam
alldeles	ganz
lås *n*	Verschluss, Schloss
handväska *u*	Handtasche

Fast alle **Utrum**nomen, die mit einem **-a** enden, erhalten im Plural die Endung **-or**. In der bestimmten Form wird im Singular die Endung **-n** und im Plural die Endung **-na** angefügt. Z.B.: färja - färjor, färjan - färjorna; kvinna - kvinnor, kvinnan - kvinnorna.

Paret ser snabbt på varandra. Det är frun som svarar.
"Jo, vi såg henne i cafeterian. Hon hade så fina kläder. Man såg henne."
"Hur såg flickorna ut?" undrar Åke Jansson. "De som sprang ut från toaletten."
"Det går så fort, men de var ganska små. Korta. Båda har långt, svart hår. De har jeans på sig."
Det knackar på dörren. Kriminalteknikern kommer in.
"Kvinnan har inga id–handlingar på sig. Ingenting som berättar vem hon är", säger han.
"Rättsmedicin är här. De tar med sig kroppen. De **killarna har bråttom**. Deras semester[i] börjar visst i morgon", fortsätter han. "Vi **tror** att hon **ramlade**. Då slog hon tinningen i kanten på handfatet."

ϟ kille *u*	Junge
ha bråttom	es eilig haben
tro	glauben
ramla	hinfallen
Det går undan.	Es geht schnell voran.
utom	außer
lämna	hinterlassen; verlassen
senare	später

Achtung! Folgende Wörter sind leicht zu verwechseln:

Schwedisch:	Deutsch:
semester	Urlaub
termin	Semester
datum	Termin, Datum

"Bra. Alldeles utmärkt", säger Åke Jansson. "Här **går det undan**." Folk borde ha semester oftare, tänker han.
Kaptenen kommer in i hytten.
"Alla bilar kör i land nu", säger han. "**Utom** en. Det står en bil kvar på bildäcket. Och", fortsätter han, "ingen i besättningen såg två korta flickor med långt svart hår under överresan."
Åke Jansson vänder sig till kriminalteknikern.
"Titta på bilen", säger han.

Övning 3: Bokstavsröra. **Bringen Sie die Buchstaben in die richtige Reihenfolge!**

1. Paret ser bnabst *snabbt* på varandra.
2. Hon har så infa __________ kläder på sig.
3. Hur ser naorckilf __________ ut?
4. Det blir nufr __________ som svarar.

Teknikern försvinner. Åke Jansson sitter kvar och pratar med det gamla paret. De har ingenting mera att berätta. De vill åka hem. Paret lämnar sin adress. De bor i Strömstad. De är hemma hela veckan så Åke Jansson kan lätt få kontakt med dem. De får lämna båten. Men det är någonting konstigt med dem, tänker Åke Jansson. Varför är de så nervösa? Speciellt frun.

Efter en kvart ringer teknikern.

"Bilen är en svart Mercedes. Dyr sak. Den är registrerad på Kurt Fjessmer i Berlin."

Tio minuter senare har Åke Jansson kontakt med Kurt Fjessmer. Han garanterar att hans svarta Mercedes står i sitt garage. Där har den stått i tre veckor medan Kurt Fjessmer har legat vid poolen och solat. Bilen har alltså falska skyltar. Så smart, tänker Åke Jansson. Om bilen blir stoppad i en kontroll tror polisen att det är Kurt Fjessmers bil. Bilmärke och färg stämmer ju. Polisen reagerar inte.

Hur hänger nu bilen och den döda kvinnan på toaletten ihop? Om de hänger ihop?

2 Försvunna vittnen

Klockan 9.30 – 12.00

Klockan är halv tio. Färjan ska åka tillbaka till Sandefjord. Åke Jansson funderar. Om kvinnan har halkat så är det en olyckshändelse. Han kan skriva rapporten på en halvtimme. Han kan börja sin semester klockan 17.00. Om inte den förbaskade bilen var där.

"Nu ska vi åka båt, du och jag", säger han till kriminalassistenten Lena Hansson.

Färjan lägger ut från kajen. Hon vänder fören mot väster och börjar sin resa mot Norge. Jansson och Hansson går ner till bildäck. Det är låst men en besättningsman öppnar dörren. Kriminalteknikern har spärrat av området runt den svarta Mercedesen.

"Den där Mercedesen är lika ren som om den just kom från fabriken", säger teknikern. "Vi hittar bara två saker i den. Det ena är ett paket franska cigaretter utan filter. Det ligger i dörrfacket vid förarplatsen. Det andra är en bild över färjans

vittne *n*	Zeuge
om	*hier*: wenn
halka	ausrutschen
olyckshändelse *u*	Unfall
förbaskad	verflucht
för *u*	Bug
låsa	abschliessen
område *n*	Gebiet, Bereich
ren	sauber
som om	als wenn

insida. Det papperet ligger i bagageutrymmet. Ni vill nog titta på det", säger han till de båda poliserna.

Cigaretter utan filter, tänker Åke Jansson. Då hör bilen och kvinnan ihop. Hennes fingrar var mörka av nikotin. En storrökares fingrar.

"Det luktar inte rök i bilen", säger Lena Hansson.

"En storrökare som inte röker i bilen", säger Janson. "Det betyder att det inte är hennes bil. Dessutom är hon rädd för den som äger bilen. Så rädd att hon måste stanna bilen och gå ut och röka. Intressant."

Nöjd med sin slutsats sträcker han ut handen och tar emot papperet som teknikern ger honom. Bilden visar en översikt av färjan. Man kan se var cafeterian ligger. Man kan se bildäck och var toaletterna finns. Över den ena toaletten finns ett stort kryss. Det är ritat med rödpenna.

"Det är på den toaletten hon ligger", säger teknikern.

"Och det här papperet finner du i bagageutrymmet?"

"Ja."

Åke Jansson suckar djupt. Detta är inget olycksfall. Hans chef kan aldrig acceptera det. Han sänder en tanke till Herr

bagageutrymme *n*	Kofferraum
nog	sicher, vermutlich
mörk	dunkel
storrökare *u*	starker Raucher
lukta	riechen nach
dessutom	außerdem
vara rädd	Angst haben
äga	besitzen
stanna	stoppen, stehen bleiben
nöjd	zufrieden
slutsats *u*	Schlussfolgerung
kryss *n*	Kreuz
rita	zeichnen
sucka	seufzen
djup	tief
tanke *u*	Gedanke

Andersson. Katten förstår när de ska resa till Koster. När Åke packar sin stora bag **hoppar** han **upp** på den. Han ligger nog där och väntar nu, tänker Åke Jansson. Han **kliar** sig **tank-spritt** i det tjocka blonda håret.

hoppa upp	hochspringen
klia	kratzen
tankspridd	zerstreut, gedankenverloren
våg *u*	Welle
trygg	sicher

"Ska vi ta en kopp kaffe?" frågar Lena Hansson. "Vi sätter oss på akterdäck. Där är nog skönt i solen. Vi sammanfattar allt vi vet nu."

"Bra förslag", säger Jansson.

I cafeterian köper de kanelbullar[i] och kaffe. De sätter sig på akterdäck. Solen skiner. Det glittrar i **vågorna**. Båtens motorer mullrar **tryggt**.

"Är det djupt här?" undrar Lena Hansson.

Schwedens Nationalgebäck ist die Zimtschnecke (**kanelbulle**) - nirgends schmeckt sie so gut wie hier! Dem Gebäck ist sogar ein Gedenktag am 4. Oktober gewidmet (**kanelbullens dag**).

Övning 4: Deklinera. Bilden Sie die unbestimmte Pluralform der Substantive!

1. kopp ___*koppar*___
2. tanke ______
3. kolja ______
4. färja ______

"Ramlar du i så måste du simma", säger Åke Jansson."Men här är inte lika djupt som i Kosterfjorden. Där är det mellan 110 och 250 meter djupt", säger han.

ramla i	hineinfallen
mellan	zwischen
rysa	schaudern, erzittern
van	gewohnt
skog *u*	Wald
hälsa på	besuchen
avsky	verabscheuen

Lena Hansson ryser.
"Är du rädd för vatten?" Åke Jansson skrattar.
"Jag är inte van", säger Lena. "Jag lever mitt liv i skogen. Jag gillar naturen."
"Kom och hälsa på mig på Koster", säger Åke Jansson. "Jag lär dig att snorkla. Då blir du orädd." Han tittar på klockan. Halva resan till Sandefjord är gjord. Nu passerar de Oslofjorden.
"Det här är en riktig soppa", säger han. "Vi har ett lik på en toalett. Två försvunna flickor. En bil med falska skyltar utan ägare. Bara tre vittnen. Vad gör vi nu?"

Övning 5: Motsatser. Wie lautet das Gegenteil? Ordnen Sie zu!

1. [c] någonting	a) avsky
2. [ ] smart	b) svår
3. [ ] nöjd	c) ingenting
4. [ ] tycka om	d) dum
5. [ ] lätt	e) missnöjd

"Kollar övervakningskamerorna från bildäck", säger Lena Hansson.
"Precis vad jag tänker", säger Åke Jansson och reser sig från stolen.
Kaptenen visar filmerna från övervakningskamerorna. Mercedesen kör ombord. Den parkerar.
En kvinna stiger ur. Det är kvinnan från toaletten.
"Jaha", säger Åke Jansson. "Då vet vi i alla fall att hon hör ihop med bilen. Men vems är bilen?"
"Jag har en god vän som arbetar på Mercedes i Frankfurt", säger Lena Hansson. "Jag ringer till honom. Han får bilens chassinummer."
Filmen rullar vidare över skärmen. Någon öppnar ytterligare en dörr på bilen. En kvinna med långt svart hår stiger ur. Hon har solglasögon. Hon stänger dörren och går mot utgången. På övervakningskameran kan man också se en man som går mot utgången. När han passerar Mercedesen stannar han och tittar på bagageutrymmet.

kolla	kontrollieren
övervaknings-kamera *u*	Überwachungs-kamera
i alla fall	jedenfalls
vems	wessen, wem gehört
chassinum-mer *n*	Fahrgestell-nummer
ytterligare	weiter
bagagelucka *u*	Kofferraum
röra sig	sich bewegen

"Vad tittar han på?" mumlar Åke Jansson.
Mannen går vidare.
"Titta! Är inte bagageluckan lite öppen", säger kaptenen.
Nu ser Åke Jansson det också. Bagageluckan rör sig. En dam med två hundar och tre barn går förbi Mercedesen. En hund

kryper ur **kopplet**. Barnen fångar in den. De går därifrån. Bagageluckan på bilen är nu **stängd**.

"Där hände det någonting", säger Åke Jansson.

"Var är kvinnan med det långa håret?" undrar Lena.

Man tittar på alla filmer från överresan. Men **ingenstans** finns en kvinna med långt svart hår.

"Tyvärr har vi inga kameror på toaletterna", säger kaptenen. "Den personliga integriteten prioriteras."

Åke Jansson tittar på sin klocka. Den visar tio minuter i tolv. **Snart** kommer färjan in till Sandefjord. Fem timmar till semestern. Om han lyckas reda ut det här **ärendet**.

"Jag är hungrig", säger Lena Hansson. "Vi går och äter. Jag vill ha **räkor**."

"Jaså. Och här går jag och tror att du bara äter **svamp**", **retas** Åke Jansson.

krypa	kriechen, krabbeln
koppel *n*	Hundeleine
stänga	schließen
ingenstans	nirgends, nirgendwo
snart	bald
ärende *n*	Angelegenheit
räka *u*	Garnele
svamp *u*	Pilz
retas	necken

3 Tiden går

Klockan 12.30 – 15.00.

Kaptenen lånar dem en hytt. De kan ha den som kontor. Lena Hansson sitter och pratar i telefonen när Åke Jansson kommer in.
"Det är en Christina Rosengren som äger bilen", säger Lena. Hon äger den sedan en månad. Rosengren bor i Stockholm. Jag ringer och ringer, men ingen svarar."
"Jag funderar på när flickorna går i land. Hur går det till?" frågar Åke."Och varifrån kommer de?"
Lena Hansson ser ut genom ventilen. Färjan forsar fram genom vattnet. Fören pekar mot Strömstad. Bara små vågor. Det blir en lugn resa.
"Jag tror att de ligger i bagageluckan på Mercedesen", säger hon lugnt. "De vet vilken toalett de ska gå till. Det är deras papper. Men varför? Det vet jag inte än."
Det är självklart att flickorna hör ihop med bilen, tänker Åke Jansson. Jag tänker bara på semestern. Det är därför jag inte tänker klart.

låna	ausleihen, leihen
forsar	brausen
peka	mit dem Finger zeigen
lugn (n)	Ruhe; ruhig
självklart	selbstverständlich

Det knackar på dörren. Kaptenen kommer in. I handen håller han en peruk. En peruk med långt svart hår.
"Vi hittade den här i en olåst förvaringsbox", säger han. "Jag antar att ni vill ha den. Ni letar ju efter en kvinna med långt svart hår. Här är i alla fall håret." Han lägger peruken på bordet och går mot dörren.
"Varför sitter ni inte ute på däck. Det är en fantastisk dag. Vinden och solen kommer att rensa hjärnorna på er." Han går.
"Vi måste hitta flickorna. De är nyckeln till hela den här historien. Det känner jag på mig", säger Åke Jansson. "Hur lämnar de båten?"
"Liftar, åker med någon charterbuss eller promenerar iväg", säger Lena Hansson. "Och då hittar vi dem inte."
"Du gör en lista på telefonnummer till alla charterbussarna. Jag tar peruken och går och frågar alla i besättningen om de har sett ett sådant hår."
Kriminalinspektör Åke Jansson visar peruken för hela besättningen. Ingen känner igen den.
"Kanske någon av våra passagerare känner igen den", föreslår en bartender. "De flesta norrmän som reste med morgonturen är i land i Sverige och handlar. De reser tillbaka med eftermiddagsfärjan", fortsätter han. "Barnfamiljer reser

förvarings-box *u*	Schließfach
anta	annehmen
leta efter	suchen
kommer att rensa	wird säubern
hjärna *u*	Hirn
nyckel *u*	Schlüssel
historia *u*	Geschichte
känna på sig	im Gefühl haben
lifta	trampen
visa	zeigen
hel	ganz
känna igen	wiedererkennen
de flesta	die meisten

ofta fram och tillbaka med vändande färja. Fråga om det finns några ombord."

Fem minuter senare **efterlyser** man passagerare som har rest med morgonfärjan i **högtalaren**. De ska komma till båtens reception. Kriminalinspektör Jansson står vid receptionen och väntar. Peruken håller han upp i luften. Ingen kommer. När han tänker gå därifrån kommer en kvinna med sin lilla dotter.

"Ja! Den är det!"

Både mor och dotter drar **förtjust** i det långa håret.

efterlysa	suchen, fahnden
högtalare *u*	Lautsprecher
förtjust	entzückt
önska	wünschen
nappa	anbeißen
bakifrån	von hinten
komma ihåg	sich erinnern

"Vi såg den i morse. Hon som hade den på sig gick[i] in på toaletten. Vi väntade utanför. Jag ville fråga henne var man köper en sådan. Jag har alltid **önskat** mig en."

Åke Jansson känner spänningen stiga inom sig. Det här är nästan lika bra som att fiska, tänker han. Nu **nappar** det.

> Das Präteritum von **gå** (gehen) ist unregelmäßig: **gick** (ging).

"Hur såg hon ut som hade peruken på sig?" frågar han.

"Det vet jag inte", svarar kvinnan. "Jag såg henne bara **bakifrån**. Vi väntade, men hon kom aldrig ut från toaletten. Sedan kom det en städerska och så kom flera ur besättningen. Då gick vi."

"**Kommer** du **ihåg** vad hon hade för kläder?" frågar Åke Jansson.

"Bara att det var en röd, ganska lång jacka", svarar kvinnan. Åke Jansson och Lena Hansson sitter på akterdäck med var sin alkoholfri drink. Lena tar fram en anteckningsbok ur fickan.

"Sammanfattning", säger hon och dricker av drinken. "Den blonda kvinnan lämnar bilen på bildäck och går till cafeterian. Hon köper nio smörgåsar, fyra läsk och en kopp kaffe. Hon betalar kontant. Vi vet det eftersom flickan i kassan kommer ihåg hennes väska. En mycket exklusiv märkesväska. Sedan ligger hon död på toaletten. Två korta flickor med långt mörkt hår springer ut från toaletten. En liten stund[i] efter att den blonda kvinnan lämnar bilen på bildäck lämnar ännu en kvinna bilen. Hon har långt svart hår. Det vet vi nu är en peruk. Peruken lämnar någon sedan i en olåst förvaringsbox. Vi tror att någon finns i bilens bagageutrymme. Är det de två flickorna? Bilen har

> Achtung! Nicht verwechseln: **Stund** ist die Weile und Stunde heißt **timma.**

Övning 6: Konjugera. Ergänzen Sie die fehlenden Verbformen (Infinitiv, Präsens, Supinum)!

1. vara ___*är*___ har varit
2. ha ___________ har haft
3. fråga frågar ___________
4. tycka ___________ har tyckt

falska skyltar. Ägaren har vi ingen kontakt med. De enda vittnena vi har är det äldre paret. De sitter utanför toaletten och väntar på att färjan ska komma in till Strömstad. De ser också den blonda kvinnan i cafeterian. Vi har kontaktat alla **bussbolag**. Ingen har sett några flickor."

Längre bort på akterdäck sitter ett gäng killar och dricker **öl**. De skrattar **högt**. De pratar om en kompis som kör en stor trailer mellan Norge och Sverige. En **gång** körde han ombord på en äldre, **mindre** färja. Han fick stora problem att komma av färjan. Trailern var för stor.

"Så nu åker han bara med de nya färjorna", säger en av killarna. "Han tycker att det ska vara **lika** lätt att komma av som in."

En våg av skratt väller över däcket.

"Han åker alltid med morgonfärjan från Sandefjord. Han ska till Stockholm. Han ligger alltid och sover i bilen under överfarten."

Både Åke Jansson **och** Lena Hansson sätter sig **rakt** upp i stolarna.

"Jag tar det här", säger Lena och reser sig.

Hon går bort till killarnas bord.

"Hej", säger hon. "Får jag sätta mig?"

anteckningsbok *u*	Notizbuch
ficka *u*	Tasche
⚡ **läsk** *u*	Limonade
stund *u*	Weile
ännu en/ett	noch ein/eine
bussbolag *n*	Busunternehmen
öl *n*	Bier
hög	*hier*: laut, hoch
gång *u*	Mal
mindre	kleiner
lika	gleich
både…och	sowohl…als auch
rak	gerade

"Ja! För fan! Välkommen!"

"Den där kompisen ni har", säger Lena. "Han som är på väg till Stockholm. Har ni hans telefonnummer?"

Ingen svarar. Lena stoppar ner handen innanför jackan och drar fram polislegitimationen.

"Jag bryr mig inte om att er kompis ligger i bilen och sover under överfarten", säger hon. "Jag bryr mig inte heller om ifall att han har kört för många timmar[i]. Jag tror att han kan ha fripassagerare ombord. Han vet nog inte om det. Jag vill prata med honom."

Det är alldeles tyst runt bordet. Ingen skrattar. Killarna visar åtta mobiltelefoner för Lena.

Alla visar samma telefonnummer.

"Han heter Bosse", säger en av killarna.

Lena knappar in numret i sin telefon.

Ett par signaler går fram.

"Bosse här."

> Viele **Utrumnomen**, die **nicht** mit einem **-a** enden, erhalten im Plural die Endung **-ar**. In der bestimmten Form wird im Singular die Endung **-en/n** und im Plural die Endung **-na** angefügt. Z.B.: timme - timmar, timmen - timmarna; kopp - koppar, koppen - kopparna.

"Hej Bosse. Jag heter Lena Hansson från Strömstadspolisen..."

Längre hinner hon inte.

"Jag är oskyldig", ropar Bosse i telefonen. "Jag vaknade när det var min tur att köra av färjan. Jag såg inte att de låg under filten på golvet. Jag är oskyldig."

"Bosse. Ta det lugnt. Jag tror dig. Vi tror att flickorna smyger ombord på din bil när den står på färjan. Vi misstänker inte flickorna för någonting. Vi vill bara prata med dem. De har information om en sak som vi arbetar med."

Övning 7: Frågor. Beantworten Sie die Fragen zum Text in vollständigen Sätzen!

1. Vad kör Bosse?

   Bosse kör en trailer.

   ____

2. Vilken färg har håret i peruken?

   ____

3. Vad heter fjorden som färjan passerar?

   ____

Bosse och Lena pratar en stund.
Lena tackar killarna för att de är hjälpsamma. Hon går tillbaka till Åke.
Lena berättar. Chauffören Bosse sover i sin trailer under resan mellan Sandefjord och Strömstad. Det är inte tillåtet. Han vaknar när det är hans tur att köra av färjan. Då ser han inte flickorna som ligger under en filt på golvet. Han kör mot Stockholm. Efter en stund hör han ett ljud från sovkabinen. Då upptäcker han flickorna.

För fan!	Zum Teufel!
stoppa	*hier*: stecken
bry sig om	sich kümmern
fripassagerare *u*	blinder Passagier
tyst	still, leise
knappa in	eintippen
hinna	(zeitlich) schaffen
Det var min tur.	Ich war an der Reihe.
filt *u*	Wolldecke
smyga	schleichen
misstänka	verdächtigen
tillåta	erlauben
ljud *n*	Laut

"Är de korta och har svart hår", frågar Åke.
"Ja", säger Lena.
"Stanna trailern!" ropar Åke. "Vi kör efter den. Vi måste **få tag i** flickorna."
"Ska vi köra efter den med färjan menar du? Du **glömmer** att vi har en timme kvar till vi är i Strömstad", säger Lena.
"Men det är lugnt", fortsätter hon. "Bosse vänder och kör tillbaka. Nu ringer vi till våra kollegor i Strömstad och ber dem möta honom."
"Utmärkt", säger Åke Jansson. "Då finns flickorna i Strömstad när vi kommer in i hamnen."
"Jag har ett problem", säger Lena.
"Jag har många. Bland annat en katt som blir **skitsur** om han inte får resa till Koster ikväll", skrattar Åke.
"Har du katt? Det har jag också", säger Lena. "Men nu tänker jag på arbetet. Varför köper den döda kvinnan så många smörgåsar? Vi går tillbaka till bildäcket och tittar", säger hon och reser sig från stolen. När de kommer ner till bildäcket är det låst. **Bakom** trappan som leder till bildäcket ligger några papper. Åke tar upp dem.

få tag i	erwischen
glömma	vergessen
ϟ skitsur	stinksauer
bakom	hinter
räkna	zählen

"Det är ju papper från smörgåsarna i cafeterian", säger Lena. "Hur många är det?"
Åke **räknar** dem. "Det är åtta stycken", säger han.
"Den döda kvinnan köper nio smörgåsar. En äter hon kanske själv, men vem äter de andra åtta?"

"Det är nog så här", säger Lena. "Flickorna ligger i bilens bagagelucka. När de båda kvinnorna lämnar bilen kryper flickorna fram ur bagageluckan. De går till toaletten som är markerad med ett kryss på bilden. Där träffar de den blonda kvinnan. Sedan springer de snabbt från toaletten. Det äldre paret ser dem." Lena sätter sig ner på trappan.

fick	bekam
döda	töten, umbringen
för att få	um zu bekommen
visserligen	zwar
värre (dålig)	schlimmer
annars	sonst

"Sedan går de tillbaka till bildäcket men här är låst", fortsätter hon. De väntar på att besättningen ska öppna dörrarna. Då äter de smörgåsarna som de fick av kvinnan de träffade på toaletten. "Den kvinnan finner man senare död. När man öppnar dörrarna går flickorna in på bildäcket och smyger ombord på Bosses trailer." Hon ser på Åke. "Är det så vi ser det? Vad tror du?"

"Jag tror att du har alldeles rätt", säger Åke. "Men du menar väl inte att de dödade den blonda kvinnan för att få åtta smörgåsar? Visserligen blir våldet allt värre, men att döda någon för åtta smörgåsar, det är nytt."

"Naturligtvis inte", svarar Lena. "Jag tror att den döda kvinnan försöker hjälpa flickorna. Hon ger dem papperet med det röda krysset. De ska träffa henne där. Hon är rädd för någon. Annars kunde hon ta med flickorna till cafeterian."

"Kvinnan i den svarta peruken", säger Åke. "Det är henne den blonda kvinnan är rädd för. Det är kanske hennes bil."

4 Herr och fru Andersson

Klockan 15.00 – 17.00

Färjan lägger till vid kajen på Torskholmen i Strömstad. Åke och Lena lutar sig mot relingen. På kajen står en polisbil. Färjan lägger till vid kajen. Bilar kör iland. Människor går iland. Åke och Lena går iland. De stannar vid polisbilen som står på kajen. Utanför bilen står två kollegor. I **baksätet** sitter två flickor med långt mörkt hår.

"De säger ingenting", säger den ena polisen. "Vi försöker prata engelska, tyska och spanska med dem. De svarar inte. Nu försöker ni eller också skaffar ni en **tolk**."

baksäte *n*	Rücksitz
tolk *u*	Dolmetscher/in
framsäte *n*	Vordersitz
vacker	schön

Åke och Lena sätter sig i bilens **framsäten**.

"Hej", säger Lena på svenska och vänder sig till flickorna. "Jag heter Lena och det här är min kollega Åke. Vi kommer från Strömstadspolisen."

Flickorna reagerar inte. De ser på Åke och Lena med stora, **vackra** ögon. Så ser de snabbt på varandra. Den ena flickan nickar till den andra.

"Vi behöver ingen tolk. Jag pratar svenska", säger hon. "Jag heter Li och det här är min syster Marie. Hon har ett svenskt namn. Vår mamma arbetar på en restaurang i Bangkok. Ägaren är svensk. Han är mycket trevlig. Mamma tycker om att arbeta hos honom." Hon blir tyst. "Vi pratar bra svenska. Vi är alltid med vår mamma på arbetet. Där har vi lärt oss språket. Vi har en storasyster, Phi. Vi är här för att leta efter henne."

"Så er storasyster är inte här nu?" frågar Lena. Åke sitter tyst. Flickorna ser bara på Lena.

"Nej. För fem månader sedan kommer en svensk kvinna till restaurangen. Hon heter Ingrid Lindgren. Vår syster arbetar också där. Ingrid erbjuder vår syster bra arbete i Sverige. Hon får arbeta på en fin restaurang i Stockholm. Mycket pengar[i]. Så Phi reser med kvinnan till Sverige. Men Phi ringer aldrig. Hon skriver inte. Vi vet inte var hon är nu."

Pengar (Geld) ist ein Pluralwort. Es existiert - im Gegensatz zum Deutschen - kein Singular.

"Hur reser ni från Bangkok?" Det är Åke som frågar. Li svarar.

"En dag ser jag Ingrid på en annan restaurang i Bangkok. Jag frågar henne var Phi är. Hon vet inte. Hon vill att jag och Marie ska resa med henne till Sverige. Vi ska leta efter Phi."

"Men färjan kommer från Norge", säger Åke.

"Ja. Vi flög till Oslo med Ingrid. Sedan reste vi med bil. Ingrid vill att vi ligger i bagageutrymmet. Om den svenska polisen ser oss måste vi resa tillbaka till Bangkok säger hon."

Övning 8: Possessiva. **Setzen Sie das passende Possessivpronomen ein!**

1. Åkes telefon ringer. Det är ___*hans*___ chef som ringer.
2. Kvinnan ligger på golvet. På __________ tinning är ett rött märke.
3. "Vad heter __________ katt, Åke?" frågar Lena.
4. Flickorna kommer från Bangkok. __________ mamma arbetar på en restaurang.

"Är det bara ni två och Ingrid i bilen?" frågar Åke.
"Nej", svarar Li. "En annan kvinna möter oss på flygplatsen. Hon har långt svart hår. Hon har också en fin svart bil. Hon är chefen. Hon säger till Ingrid vad hon ska göra. Ingrid är rädd för henne. Vi går till en stor svart bil. Vi lägger oss i bagageluckan. Bilen kör." Li ser på sin syster som nickar. "Bilen kör ombord på färjan till Strömstad", säger Lena. "Strömstad ligger i Sverige", fortsätter hon. "Ni lämnar bilen och går till toaletten. Varför det?"

behöva	brauchen, benötigen
erbjuda	bieten, anbieten
pengar *pl*	Geld
tjuvlyssna	lauschen

"De båda kvinnorna vet inte att vi pratar svenska", säger Marie. "Ingen på restaurangen vet det. Vi brukar tjuvlyssna på svenska gäster. Vi tycker det är roligt." Hon fnittrar. "Därför förstår vi vad kvinnorna pratar om när bilen kör till båten."

"Vad säger de?"

"Ingrid är ledsen. Hon säger att hon inte vill att vi ska säljas. Den andra kvinnan blir arg. Hon säger att vi ska ersätta Phi som har försvunnit. Den mannen som köpte Phi betalade mycket pengar för henne. Nu har Phi försvunnit och han är arg."

Åke Jansson stönar. Trafficking. Det handlar om trafficking. Nu blir det ingen semester, tänker han.

"Ingrid öppnar bagageluckan inifrån bilen", fortsätter Li. "Så smyger hon till oss en lapp med ett kryss på. Vi förstår att hon vill att vi ska gå dit."

"Och så lämnar ni bilen. Ni går till toaletten. Vad händer där?" frågar Lena. Hennes bandspelare surrar lite.

"Ingrid ger oss smörgåsar", svarar Li. "Hon säger att vi måste gömma oss för kvinnan med det svarta håret."

"Vi gömmer oss på en av toaletterna", fortsätter Marie. "Då kommer någon in i toalettrummet. Det är kvinnan med det svarta håret. Hon börjar bråka med Ingrid. Hon vill ha en anteckningsbok som Ingrid har. Ingrid skriker att hon inte vill hämta fler flickor i Bangkok. Då tar kvinnan tag i Ingrids axlar och slår hennes huvud mot

fnittra	kichern
ledsen	traurig
säljas	verkauft werden
arg	böse
trafficking	Menschenhandel
smyga till ngn	jmd. heimlich zustecken
lapp *u*	Zettel
gömma sig	sich verstecken
bråka	Krach haben, streiten
hämta	holen
ta tag	packen

kanten på tvättstället. Vi ser det genom en **springa** vid toalettdörren."

Marie börjar **gråta**. Li lägger armen om hennes axlar.

"Vad händer sedan?" frågar Åke.

"Ingrid ramlar ner på golvet. Kvinnan tar hennes handväska och går ut genom dörren."

"Vad gör ni då?"

"Vi väntar en stund. Sedan springer vi ner till bildäcket. Där är det låst. Vi sitter i trappan och äter våra smörgåsar. Vi väntar på att dörrarna ska låsas upp."

> Vermeiden Sie es in Schweden, sich die Nase mit einem Taschentuch zu schnäuzen – die Schweden finden das ekelig (**motbjudande, äcklig**). Ziehen Sie die Nase hoch – das ist erlaubt!

"Och då smyger ni ombord på trailern där Bosse ligger och sover", säger Åke.

"Ja." Lenas telefon ringer. Hon pratar en liten stund.

"Åke", säger hon. "Vad heter det där gamla paret från färjan?"

"Erlandsson", svarar Åke.

"Christina Rosengren äger Mercedesen. Hon är gift Rosengren", säger Lena. "Hennes **flicknamn** är Erlandsson."

"Hur ser den svarta damen ut?" undrar Lena.

"Hon har en svart lång jacka med röd krage. Hon är gammal", säger Marie. "Hon har rosa nagellack."

Gammal med rosa nagellack. Och en fin handväska. Var har han sett det? **Frånvarande** tittar Åke mot **uteserveringen**

springa *u*	Spalt
gråta	weinen
flicknamn *n*	Mädchenname
frånvarande	abwesend
uteservering *u*	Gartenlokal, Straßencafé

på andra sidan gatan. Vid ett av borden sitter det gamla paret från färjan.
"Kom!" säger han. Lena och flickorna följer efter honom när han går mot serveringen.
Snabbt drar han upp den svarta peruken ur fickan. Han sätter peruken på fru Erlandssons huvud.
"Är det hon?" Han vänder sig till flickorna. De nickar ivrigt.
"Fast jackan var svart", säger Li och ser på fru Erlandssons röda jacka.
"Men den har röd krage, **eller hur**?" säger Lena. "En vändbar jacka alltså. Hon tar jackan som hänger över stolen och vänder den ut och in. En nyckel faller till **marken**. Åke tar upp nyckeln. Han ser på den.

Eller hur?	Nicht wahr?
mark *u*	Erdboden
plånbok *u*	Brieftasche
dråp *n*	Mord
ta hand om	sich kümmern
stå kvar	stehen bleiben
hamnplan *u*	Hafengelände

"Den här tror jag passar till en av förvaringsboxarna i färjeterminalen", säger han.
Han ger nyckeln till en av poliskollegorna.
"Spring till terminalen och hämta det som finns i boxen", säger han.
Herr och fru Erlandsson sitter tysta. Efter några minuter kommer polisen. I handen har han en handväska. En fin märkeshandväska.
"Det är Ingrids väska", säger Li.
Åke öppnar väskan. Där finns **plånbok**, pass och en röd anteckningsbok. Åke öppnar boken och börjar läsa. I boken står många namn. Namn på flickor. Där står namn på män.

Där står hur mycket de har betalat för flickorna. Där står namn på kvinnor som är kurirer.
"Det här är dynamit!", säger Åke.

Övning 9: Verb. Lesen Sie weiter und setzen Sie das passende Verb in die korrekte Zeitform!

stå ~~köra~~ säga vara skriva

Polisbilen 1. *kör* bort med herr och fru Erlandsson. Fru Erlandsson 2. ______ misstänkt för **dråp**. Båda är misstänkta för människohandel. Thailändska ambassaden **tar hand om** flickorna. Den ska även söka efter den försvunna storasystern Phi. Bilarna kör bort. **Kvar** på **hamnplanen** 3. ______ Åke Jansson och Lena Hansson. Klockan är 16.55.
"Jag 4. ______ rapport på det här", 5. ______ Lena.

"Så kan du börja din semester."
Men det är inte lika viktigt nu med semester, tycker Åke. Herr Andersson får väl vänta några dagar.
"Jag hjälper dig", säger han. "Men nu är jag lite törstig. Ska vi dricka ett glas vin på restaurangen där borta?" frågar han.

"Gärna", säger Lena och sticker sin arm under hans. "Om jag får räkor..."
"Så du har också katt", säger Åke när de går över hamnplanen. "Vad heter den?"
"Hon heter fru Andersson", skrattar Lena.
Herr och fru Andersson, tänker Åke. Herr och fru Jansson **låter inte** så **dumt**. Men det säger han inte högt. Det är för tidigt.

låter inte dumt	hört sich nicht schlecht an

Fatal vänskap

Sanna Ad Nilsson
Helena Waubert de Puiseau

Prolog: Ett lik i Mörrumsån

Tid: Måndag den 22 oktober
Plats: Redaktionen i Forsbacka, Blekinge Läns Tidning

Det är måndag morgon. Redaktionen är full av liv. Anders Ek är tacksam för det. Efter det ensamma **helgpasset** är det skönt att ha kollegor omkring sig. Nu kan han jobba och har mindre tid att tänka på annat. Han tar upp telefonen och **slår** ett nummer.

lik *n*	Leiche
å *u*	(kleiner) Fluss
helgpass *n*	Wochenend-dienst
slå	(an)wählen
svara	antworten
hända	passieren
tveka	zögern
hitta	finden
död	tot

"Margareta Andersson", **svarar** kommissarien efter fem signaler.
"Anders på tidningen här", säger han och fortsätter: "**Hände** det något i helgen?"
Margareta **tvekar** lite.
"Jo... Vi **hittade** en kropp i Mörrumsån[i] i morse,"
"En kropp i Mörrumsån? En **död** människa?" säger Anders.
"Ja, ett lik", säger kommissarie Andersson långsamt. Några laxfiskare hittade det vid sextiden i morse."

1 De döda djuren

Forsbacka **gård** ligger vackert, alldeles intill den vilda och **brusande** Mörrumsån. Här bor Annika och Markus Forsell, ett ungt par med ett litet barn. Naturen runt huset är vacker och **ödslig**. En och annan fiskare kommer förbi för att fiska lax ibland. **Annars** är det bara lokalbefolkningen som hittar till Annikas och Markus gård. På gården har de sina **minkar**[i]. Minkarnas päls ger extra **pengar**. Därför behöver Annika inte jobba så mycket. Annika älskar naturen och **lugnet**. På hösten[i] jagar hon älg. Markus är lugn och **samlad**.

> Die Pelztiernachfrage ist in den letzten Jahren trotz vehementer Tierschutzproteste gestiegen. Einige schwedische Landwirte erwirtschaften durch **Nerztierzucht** zusätzlichen Gewinn.

> Im Herbst, im Winter etc. wird in der schwedischen Sprache mit **på** ausgedrückt: **på hösten** (im Herbst).

> **Mörrumsån** ist ein Lachsfluß in Südschweden. Er ist 185 km lang und fließt südlich von Mörrum in die Ostsee.

gård *u*	Hof
brusa	rauschen
ödslig	verlassen
annars	sonst
mink *u*	Nerz
pengar *pl*	Geld
lugn *n*	Ruhe
samlad	*hier*: besonnen

Övning 1: Fyll i tomrummen. **Lesen Sie weiter und setzen Sie das passende Verb ein!**

var | paddlade | lagade | är | drar | ~~plockar~~ | är

Han 1. *plockar* blåbär på sommaren och **svamp** på hösten. För två år sedan **flyttade** de till gården. Annika 2. ______ glad då, men det 3. ______ hon inte längre. Innan 4. ______ de kajak ihop och 5. ______ mat tillsammans. Nu 6. ______ Markus förändrad. Han 7. ______ sig undan. Han är ofta **arg** och ointresserad av barnet.

Tid: Fredag den 19 oktober
Plats: Forsbacka gård

Annika stannar till. Kroppen fryser till is. Hon kan inte **andas**. Framför ytterdörren ligger en katt. Ögonen är **uppspärrade** och munnen halvöppen. Halsen är **avskuren**. Annika tittar på katten och tittar bort igen. Vinden blåser. Det är höst. Hennes hår är rött och okammat. Hennes ögon är **trötta**. Hon är 28 år och

svamp *u*	Pilz
flytta	umziehen
arg	wütend
andas	atmen
uppspärrad	aufgesperrt
avskuren	*hier*: aufgeschlitzt
trött	müde

nybliven mamma. För sjätte gången på två år ligger ett dött djur framför hennes dörr.

Annika ser ner i barnvagnen. Barnet sover fortfarande, tack och lov. Hon sätter sig på trappan med ryggen mot katten och ringer Julia. Julia som alltid finns vid Annikas sida sedan de var barn. De är nästan som syskon. De är till och med ganska lika. Julia svarar.

nybliven	neulich geworden
syskon *n sg + pl*	Geschwister
till och med	sogar
lik	gleich, ähnlich
orka	können, vermögen; verkraften
↯ med en gång	sofort
huvud *n*	Kopf

"Julia, jag orkar inte mer", säger Annika. "Kan jag komma hem till dig? Nu, med en gång?"
"Visst, kom du. Vad är det?"
"Jag förklarar sedan."

Övning 2: Rätt eller fel? Welche Aussagen sind korrekt? Kreuzen Sie an!

1. Julia och Annika är bra vänner. ☒
2. Annika tycker om stadslivet med mycket liv. ☐
3. På vintern jagar Annika minkar. ☐
4. Vid ytterdörren hittar Julia en lax med avskuret huvud. ☐
5. Annikas och Markus relation är inte bra. ☐

Hon lägger på luren. Den döda katten gör Annika rädd. Hon vill bort från gården. Hennes bästa vän, Julia, bor nära. Annika tar barnvagnen och går hem till Julia. Hon ringer på dörren. Julia öppnar direkt.

> **Imorgon, imorse** (heute Morgen), **idag** (heute) und **ikväll** (heute Abend) kann man sowohl zusammen schreiben als auch auseinander: **i morgon, i morse, i dag** und **i kväll.**

Tid: Fredag den 19 oktober
Plats: Julia Falks lägenhet, Höstvägen 6A, Forsbacka

> Das Verb **tycka** bedeutet finden, meinen. **Tycka om** dagegen heißt mögen.

De sätter sig i Julias soffa.
"Var är Markus?" frågar Julia.
"Han är borta med jobbet ikväll[i]. Han är inte hemma så ofta nu för tiden", svarar Annika.
Julia är tyst.
Hon ser Annika i ögonen och säger: "Markus är ingen bra pappa. Han är inte bra för dig och ditt barn."
Annika biter ihop käkarna. Julia tycker inte om[i] Markus. Annika brukar försvara honom, men i dag orkar hon inte säga något. Försiktigt svarar hon: "Han är så konstig nu för tiden. Han är nästan aldrig hemma och han är så arg jämt."
Julia lägger en hand på Annikas arm och klappar. Hon frågar tyst: "Är det Markus som dödar djuren?"

lur *u*	(Telefon)Hörer
rädd	ängstlich
nu för tiden	nunmehr
tyst	still
käke *u*	Kiefer
försvara	verteidigen
konstig	merkwürdig, komisch
aldrig	nie
ϟ jämt	ständig
döda	töten

"Varför tror du det!?" säger Annika. Hon är upprörd. "Varför anklagar du alltid Markus?"
Så suckar hon och fortsätter: "I går gick han ut efter middagen. Han kom hem sent. Jag vet inte var han var."
Julia tittar länge på Annika. Till sist säger Julia: "Jag går hem till dig och tar hand om den döda katten. Jag vill inte att du ser den igen. I natt sover du hos mig."
Annika nickar.
"Tack! Det är snällt av dig", säger Annika. Hon sätter sig i soffan med barnet i famnen. "Han är hungrig nu. Jag ger honom lite mat."
Julia tar på sig ytterkläderna. Hon vänder sig om. Hon säger: "Du är inte ensam, Annika. Glöm inte det. Du har ju mig." Hon ger Annika en kram och går ut.

upprörd	aufgeregt
sucka	seufzen
till sist	schließlich
ta hand om	sich kümmern
snäll	nett
famn *u*	*hier*: Arm
kram *u*	Umarmung
meddelande *n*	Nachricht
axel *u*	Schulter
slappna av	entspannen
knappt	kaum; fast nicht
värre	schlimmer

Annika sitter kvar i soffan. Hon känner sig mycket trött och ängslig. Hon suckar och tittar på sin telefon. Ett nytt meddelande. 'Hur mår du? Anders.'
Axlarna sjunker ner på Annika. Hon slappnar av. Anders, den ende som lyssnar. Lyssnar utan att anklaga någon.
Hon svarar: 'Jag är så trött. Jag vill knappt leva längre. Markus är värre än vanligt. Kram, A.'

Julia går mot Annikas hus. Hon går snabbt men haltar lätt. Hennes vänstra ben är något längre än det högra. Hon föddes så. Det börjar skymma. På den lilla gården är det ganska mörkt. Julia ser ändå katten tydligt. Den ligger utslängd som ett kors på trappan. Det luktar illa. Kattens huvud hänger konstigt. Julia ryser till. Sedan tar hon på sig handskarna och tar upp katten.

Hon håller den lilla katten i händerna och tittar på den. Katten stirrar tillbaka. Det blåser kallt från ån och Julia fryser. Hon lägger ner katten i en plastpåse och knyter ihop påsen. Hon ser sig omkring. I hörnet står en soptunna. Hon går snabbt dit och kastar påsen i soptunnan. Hon fryser om händerna och stoppar ner dem i jackfickan.

Då hör hon något. Något gnäller och piper.

"Är det någon där?" ropar Julia försiktigt. Hon får inget svar.

Hon vänder sig om. Fönstren i huset är mörka. Bilen står parkerad på uppfarten. Hon ser att yxan sitter kvar i huggkubben. Dörren till vedboden står på glänt. Vinden tar tag

halta	hinken
födas	geboren werden
börja	beginnen
skymma	dämmern
mörk	dunkel
utslängd	hinausgeschmissen
lukta	riechen
rysa	schaudern
knyta ihop	zusammenbinden
hörn *n*	Ecke
soptunna *u*	Mülltonne
frysa	frieren, frösteln
gnälla	quietschen
yxa *u*	Axt
huggkubbe *u*	Hackklotz
vedbod *u*	Holzschuppen
stå *irr* på glänt	einen Spalt offen stehen
ta *irr* tag	packen

i dörren. Den öppnas. Den slår mot väggen med en smäll. Julia rycker till. Hon haltar försiktigt fram emot dörren. Hon drar upp händerna ur fickan för att stänga den. Hon tappar något, men hon märker det inte. Något prasslar i löven. Då ser hon. En skugga försvinner bakom vedboden. Julia fryser. Hjärtat bultar. Hon vänder sig om och går hemåt, utan att stänga dörren.

Julia öppnar dörren till sin lägenhet och tar av sig skorna. Lite jord faller på hallgolvet. Hon hänger av sig jackan och ropar till Annika: "Nu är jag hemma igen! Vill du ha lite te?"
"Ja, tack", svarar Annika. Rösten låter trött. Hon sitter fortfarande kvar i soffan. Barnet sover i hennes knä. Hon lägger försiktigt ner sonen i vagnen och går ut i köket. Julia kokar vatten och letar efter tepåsarna.
"Kommer du ihåg hur mycket te vi drack förr?" säger Julia och ler. Hon tittar på sin vän med kärlek i blicken.
"Litervis!" säger Annika och ler försiktigt hon också. Det är fina minnen.

rycka till	zusammen zucken
tappa	verlieren, fallen lassen
löv *n*	Laub
skugga *u*	Schatten
bulta	pochen, klopfen
jord *u*	Erde
golv *n*	Boden
knä *n*	*hier*: Schoß
komma ihåg	sich erinnern
förr	früher
le	lächeln
kärlek *u*	Liebe
minnen *n pl*	Erinnerungen

Tid: Lördag den 20 oktober
Plats: Redaktionen i Forsbacka, Blekinge Läns Tidning

Anders Ek sträcker på sig. Han **har ont** i nacken. På hans skrivbord ligger en **hög** med **åtal**. Han **är trött på** att skriva om mopedgäng och ungdoms**ligister**. **Ungdomarna** åker runt på landet och slår **sönder** fönster och släpper ut minkar. Han drar handen över det korta håret. Han dricker upp sitt kaffe. Han ställer koppen på skrivbordet och tittar på datorskärmen. Det blinkar till. Ett nytt mail ligger i **inkorgen**.

"Skriver du om bråket utanför Ölhallen[i]?" frågar hans chef. Anders suckar. Händer det aldrig något i den här **stan**? Jobbet känns enformigt. **Ändå** jobbar han nästan jämt. Det är bättre att jobba än att vara hemma. Han går till kaffebryggaren och sätter på en ny kanna kaffe. Han **känner sig** trött trots allt kaffe. Så känner han den brinnande smärtan i bröstet igen. Han vill inte tänka på henne. Inte nu. Men han **saknar** henne så mycket. Han tar ett djupt **andetag** och försö-

ha ont	Schmerzen haben
hög *u*	Haufen, Stoß
åtal *n*	Klage
vara trött på ngt	etw. leid sein
ligist *u*	Halbstarke(r)
ungdomar *pl*	Jugendliche
sönder	kaputt
inkorg *u*	(E-Mail-)Posteingang
↯ stan	Stadt
ändå	*hier*: trotzdem
känna sig	sich fühlen
sakna	vermissen
andetag *n*	Atemzug

Bier heißt auf Schwedisch **öl.** Das deutsche Wort Öl dagegen heißt (en) **olja. Lättöl** ist leichtes Bier (2,8%) und **folköl** ist mittelleichtes Bier (3,5%). Diese Biersorten bekommt man meist auch in normalen Supermärkten. Getränke mit höherem Alkoholgehalt dagegen können nur in staatlichen Monopolgeschäften (**Systembolaget**) gekauft werden.

ker tänka på något annat. Han går tillbaka till skrivbordet och öppnar en av lådorna. Där ligger en kniv, några träbitar och sju små, små träfigurer.

Han tar fram en ny bit trä och börjar tälja.

träbit *u*	Holzstück
tälja	schnitzen
sådan	solch ein/e
bruka (göra ngt)	normalerweise etw. tun; zu tun pflegen
händelse *u*	Ereignis
rädsla *u*	Angst
på allvar	ernst
↯ pyssla om	sich um jmd. kümmern

Tid: Lördag den 20 oktober
Plats: Julias lägenhet, Höstvägen 6A, Forsbacka

Det är lördag. Julia jobbar. Hon är grafisk formgivare på M-magasin (i). Tidningen ska till tryckeriet och hon får jobba extra ibland. I dag är en sådan dag. Annika stannar i Julias lägenhet. Hon tittar på tv. Det regnar. Annika tycker att det är skönt med regn. Då får hon stanna inne. Hon brukar älska att vara ute, i alla väder. Men nu är hon trött, så dödens trött. Hon orkar inte polisanmäla händelsen med katten. Hon är arg på polisen. De tar inte hennes rädsla på allvar.

M-magasin ist ein wöchentlich erscheinendes schwedisches Lifestyle Magazin für die aktive Frau über 50.

På kvällen kommer Julia hem. Hon lagar köttbullar (i). Det är skönt att ha någon som pysslar om. De pratar.

Fleischbällchen (**köttbullar**) mit Kartoffelpüree und Preiselbeeren ist ein typisch schwedisches Gericht, besonders beliebt bei Kindern. Es ist auch die Lieblingsspeise von Astrid Lindgrens Romanheld in „Karlsson auf dem Dach".

"Markus svarar inte i telefon", suckar Annika. "Men han skickade ett sms. Han åker tydligen till Malmö[i] i dag och hälsar på en kompis."

hälsa på	besuchen
enkel	einfach
stund *u*	Weile
↯ sånt (sådant)	sowas, solches
dröjande	zögernd
tanke *u*	Gedanke
skrämma	erschrecken
otäck	unheimlich

"Skönt", säger Julia.

"Kanske... Men jag vill prata med honom. Jag vill förstå. Vi glider bara längre och längre ifrån varandra och ingen av oss vet varför."

Julia tittar på sin vän.

"Ni älskar kanske inte varandra längre, helt enkelt?" säger hon och äter en köttbulle. Annika är tyst en stund.

Julia kramar om sin vän.

"Det är sånt som händer, vännen. Ibland växer man ifrån varandra. Men en sak förstår jag inte. Varför lägger han de döda djuren på er trappa?"

"Tror du verkligen att det är Markus?" frågar Annika dröjande och fortsätter: "Den tanken skrämmer mig."

"Vad säger han själv om djuren?"

"Inte så mycket. Han tycker också att det är otäckt." säger Annika.

"Vem dödar djuren då? Vad tror Markus?"

Malmö ist nach Stockholm und Göteborg die drittgrößte Stadt Schwedens. Sie liegt in der Provinz Schonen (Skåne) im Süden Schwedens. Bekannte Sehenswürdigkeit der Stadt ist unter anderem der „Turning Torso", ein 190 m hoher in sich gedrehter Turm des spanischen Architekten Santiago Calatrava. Malmö hat viele Bewohner mit Migrationshintergrund. International bekannt ist der Fußballspieler Zlatan Ibrahimovic.

Övning 3: Gömda ord. Finden Sie fünf Substantive im Gitternetz!

G	Y	U	I	G	O	Z	F	T	Ö
E	K	O	M	P	I	S	G	R	P
D	K	U	Å	T	Ä	E	H	A	U
Y	T	I	A	H	D	F	G	P	H
S	R	H	H	U	N	D	I	P	Y
W	E	Q	D	E	R	J	U	A	G
D	K	Ö	T	T	B	U	L	L	E
F	G	E	T	J	S	R	W	Y	T

"Det kan vara djurrättsaktivister. De gillar inte att vi har minkar i bur."

"Djurrättsaktivister? De släpper väl ut minkarna. De dödar dem inte."

"Jag vet inte, Julia!" säger Annika med matt röst. Hon är irriterad och trött.

häromkvällen	neulich abends
hålla sig borta	sich fern halten
trygg	sicher

"Förlåt", säger Julia. "Men Markus är så märklig nu för tiden. Häromkvällen ringde han mig."

"Va? Ringde Markus dig?"

"Ja, han sa åt mig att hålla mig borta från dig. Men han skrämmer inte mig, Annika! Du kan bo hos mig. Här är du trygg."

2 Höstmörkret tätnar

Tid: Söndag den 21 oktober
Plats: Julias lägenhet, Höstvägen 6A, Forsbacka

Nästa dag regnar det fortfarande. Det är söndag. Höstmörkret[i] kryper in i Julias lägenhet. På eftermiddagen ringer Annikas mobil. 'Markus' står det på displayen, med ett rött hjärta bredvid. Känslan i kroppen är underlig. Lättnad. Förväntan. Hopp. Rädsla. Allt på samma gång.

"Hej, det är jag", säger Markus kort. "Är du hemma?" frågar han.

"Nej, jag är hos Julia." Annika gör en paus. "Det låg en katt på trappan igen."

"Ja, du skrev det", säger Markus.

Det blir tyst i luren. Annikas hjärta slår snabbare. Till sist säger hon det.

> Die **längste Nacht** in Südschweden beträgt mehr als 17 Stunden. Die **kürzeste Nacht - Midsommar** wird in Schweden alljährlich ausgiebig gefeiert.

mörker *n*	Dunkelheit
tätna	dichter werden
krypa	kriechen
bredvid	daneben, nebenan
känsla *u*	Gefühl
lättnad *u*	Erleichterung
förväntan *u*	Erwartung
på samma gång *u*	gleichzeitig

"Är det du som lägger djuren på trappan?"

"Va!?" Markus reaktion är snabb och kraftig. "Är du dum i huvudet? Tror du verkligen att det är jag?"

Annika hör ilskan i hans röst.

"Alltså, det är ju sjukt! Hur kan du tro…? Jag är väl för fan ingen mördare!" fortsätter Markus. Sedan blir han tyst.

Annika fortsätter: "Du är så arg jämt. Och du pratar inte med mig längre", säger hon.

"Det kanske finns en anledning till det", svarar Markus.

Annika rycker till. Rösten blir hård.

"Vad menar du?" säger hon.

"Du kanske förtjänar det", svarar han.

Markus lägger på. Det snurrar i Annikas huvud.

Det här går inte, tänker hon. Vi har ett barn ihop. Vad är det vi gör?

Hon lägger på luren. Julia står i dörröppningen.

"Är Markus hemma igen?" frågar hon.

"Om några timmar", svarar Annika. "Jag går hem då."

ilska *u*	Wut
för fan	zum Teufel
förtjäna	verdienen
besviken	enttäuscht

"Vågar du gå själv, eller vill du att jag ska följa med dig?" säger Julia.

"Jag går själv." Annika tittar på Julia. Julia ser besviken ut.

"Okej, jag förstår", svarar Julia. "Men vi kan väl fika innan du går? Jag går ner till Coop och köper några kanelbullar."

Annika ler mot sin vän, som alltid är hjälpsam mot henne.

"Okej, gör det", säger Annika.

Övning 4: Frågor. Beantworten Sie die Fragen zum Text in vollständigen Sätzen!

1. Vad är det Annika frågar Markus om?

   Annika frågar Markus ______________________________

2. När tror Annika att Markus kommer hem?

   ____

3. Vart går Julia?

   ____

Julia går. Annika sätter sig vid köksbordet och bläddrar i dagstidningen. En stund senare ringer det på dörren. En lång, mörkhårig man står utanför. Annika tvekar, men så öppnar hon och släpper in honom.

Tid: Söndag den 21 oktober
Plats: Forsbacka gård

Kaninen springer[i] runt, runt i buren. Annika och Markus köpte den för snart två år sedan. Annika längtade efter ett djur. Markus köpte kaninen till henne. Hon ville egentligen ha en hund, men Markus ville inte ha ett djur inomhus. Kaninen fick bo ute, i en bur på gården. Nu är den

> Achtung, falscher Freund: **springa** heißt laufen, **hoppa** heißt springen/hüpfen.

stressad. En figur med mörka kläder tittar på kaninen. En hand sträcks in i buren, och tar tag i kaninen. Djuret dras ut ur buren. Med ett drag skär den svarta figuren av halsen på kaninen. Blodet fläckar ner tröjan. Kaninen dör omedelbart.

"Så du är här igen?" Rösten är mörk och djup. Djurmördaren vänder sig om. Där står någon i en gul jacka. Jackan är självlysande i skymningsljuset. De två personerna tittar på varandra. Trots skymningen ser de varandra tydligt. De andas båda snabbt.

senare	später
bur *u*	Käfig
längta	sich sehnen
drag *n*	Zug
omedelbart	umgehend, sofort
skymningsljus *n*	Dämmerungslicht
korg *u*	Korb
tom	leer

Tid: Söndag den 21 oktober
Plats: Julias lägenhet, Höstvägen 6A, Forsbacka

Julia kommer hem från affären. Hon ställer ner en korg på golvet. Det är Julias svampkorg. Ibland tar hon med korgen till affären. En svampbok och en svampkniv brukar ligga i korgen.

Nu är den tom. Hon har inga kanelbullar i korgen, fast hon var i affären.

"Varför tog det så lång tid?" frågar Annika.

"Förlåt. Mamma ringde, hon är sjuk och bad mig handla", säger Julia. "Jag åkte hem till henne."

"Men var är kanelbullarna?" frågar Annika.

"Åh, jag glömde ju handla fika till oss!" säger Julia och ser förvirrad ut.

Övning 5: Motsatser. Wie lautet das Gegenteil? Schreiben Sie auf!

1. stressad ______*lugn*______
2. frisk ____________________
3. snabbt ____________________
4. tom ____________________
5. ljus ____________________

"Ingen fara", säger Annika. Hon sträcker ut armarna för att ge Julia en kram. Men Julia slår bort Annikas arm och haltar in i badrummet. Hon låser dörren. Annika suckar. Det är inte bara Markus som är annorlunda nu. Julia är också förändrad.

"Ska jag gå ner och handla bullar?" ropar hon till den låsta badrumsdörren. Julia svarar inte. Annika hör vattenkranen. Hon tittar på klockan. Markus är nog hemma nu. "Jag går hem nu", ropar hon till Julia. "Jag ringer dig i morgon." Julia svarar inte.

ϟ ingen fara *u*	*hier*: macht nichts
låsa	abschließen
annorlunda	anders
nog	*hier*: sicher, wahrscheinlich
dryg	etw. mehr als, gut

Annika är nervös. Hon skjuter barnvagnen framför sig. Det är drygt en och en halv kilometer mellan Julias lägenhet och Annikas gård. I dag känns sträckan för lång och för kort på

samma gång. Hon vill hem. Hon vill träffa Markus. Hon vill reda upp alla konstigheter. Samtidigt är hon orolig. Vad vet Markus? Vad är det hon förtjänar?
Hon tar en genväg över grönsakslandet. Jorden är svart och fuktig. Det är tungt att dra vagnen.
Det regnar inte längre, men det är fuktigt i luften. Hon går in på gården. Hon stannar en bit från huset och tittar mot ytterdörren. Förra gången hon var hemma hittade hon den döda katten. Nu är det tomt på trappan. Annika drar en lättnadens suck. Hon tar upp barnvagnen på trappan. Plötsligt stannar hon. Något hänger på handtaget. En liten träfigur. Den föreställer ett spädbarn. Hon känner igen den. Hon har sett en liknande förut. Så känner hon en tilltagande ilska.
Hon låser upp och går in. "Hallå? Markus?" Det är mörkt i huset. Ingen svarar. Annika tittar på klockan igen. Hon knyter näven och biter ihop käkarna. Han var ju på väg hem! Men var är han? Hon tar upp telefonen och slår Markus nummer. Han svarar inte. Hon skakar av ilska. Hon kastar mobilen i soffan. Hon går fram och tillbaka över golvet och försöker tänka klart. Markus undviker henne och barnet. Han går ut på kvällarna och talar inte om vart han ska och nu är han inte hemma.

reda upp	(auf)klären
genväg *u*	Abkürzung
fuktig	feucht
träfigur *u*	Holzfigur
spädbarn *n*	Säugling
tilltagande	zunehmend
knyta näven	Faust ballen
skaka	*hier*: beben
undvika	meiden; vermeiden
tala om	erzählen, berichten

Tänk om… Annika stannar till. Tänk om Markus träffar någon annan? Det susar i öronen. Han kanske vill **lämna** henne? Hon går ut i hallen. Hon öppnar Markus väska. **Nycklarna** till jobbet ligger där. Några papper, en kalender. Hon bläddrar i kalendern. Hon hittar inget anmärkningsvärt. Hon tittar upp. Där hänger Markus arbetskläder. Hon känner i fickorna och stöter på ett hårt **föremål**. Hon tar upp det. Julias svampkniv. Hon känner på den vassa eggen. Varför har han Julias svampkniv i jackfickan? Sedan **stoppar** hon tillbaka kniven i fickan. Då känner hon något annat. Ett papper? Nej, ett fotografi. Hon tar fram det. Hon tittar på bilden. Det är hon. Hon och en annan man. De sitter tätt ihop. **Förvånat** tittar hon på bilden. Hon känner igen sig själv. Men hon känner inte igen mannen. Hon **synar** bilden. Det är hon. Men vem är han? Det är första gången hon ser honom. Hon är säker på det. Men hur kan då fotografiet finnas? Så fryser hon till. Är detta vad Markus tror? Att *hon* träffar en annan? Det förklarar hans ilska och **svartsjuka**. Men hon är säker. Hon känner inte igen mannen på bilden.

lämna	verlassen
nyckel *u*	Schlüssel
föremål *n*	Gegenstand
stoppa	*hier*: stecken
förvånad	erstaunt
syna	genau betrachten
svartsjuka *u*	Eifersucht

Tid: Måndag den 22 oktober
Plats: Forsbacka gård

När Annika vaknar i dubbelsängen nästa morgon sträcker hon ut armen. Platsen bredvid henne är fortfarande tom. Hon lyfter på täcket och kryper över på Markus sida. Hon luktar på kudden. Då ser hon. Hon rycker till och kliver blixtsnabbt ur sängen. Under täcket ligger en död kanin. Hon tittar på djuret. Det är hennes egen kanin! Annika mår illa. Hon håller för munnen och rusar ut ur sovrummet.

Telefonen ringer hos Julia igen. Hon svarar.
"Förlåt för i går", säger hon. "Jag vet inte vad som flög i mig. Mamma fick mig på dåligt humör."
"Det är lugnt", säger Annika. "Vet du, Markus är inte hemma än. Jag vet inte var han är."
"Kom han aldrig i går?" frågar Julia upprört.
"Nej." Annika försöker hålla rösten stadig.
"Kom hit så kollar vi på en film och tänker på något annat. Han hör väl av sig när han kommer hem", säger Julia.
Annika tvekar.
"Jag vet inte, Julia", säger hon. "Jag behöver nog vara ensam. Jag mår inte riktigt bra just nu."
Det blir tyst i luren. Sedan hörs Julias röst igen. Den är plötsligt iskall.
"Jaha, nu duger jag inte! Jag som gör allt för dig!"
Hon lägger på. Annika ryser till.

kliva	steigen
blixtsnabb	blitzschnell
må illa	schlecht sein
rusa	stürzen; schnell laufen
↯ Det är lugnt.	Es ist okay.
stadig	fest, stabil
↯ kolla på ngt	etw. angucken
duga	gut genug sein

3 Liket

Tid: Måndag den 22 oktober
Plats: Mörrumsån vid Forsbacka gård

Trettio minuter efter **samtalet** med kommissarie Margareta Andersson står Anders Ek på en **lerig** åker vid ån. Det är fortfarande kyligt efter natten. Han fryser. En bit bort fladdrar polisens blåvita band i luften. Kroppen ligger kvar på **marken**. Polisen letar spår. Anders **väntar**. Han ser ut över ån.

samtal *n*	Gespräch
lerig	schlammig
mark *u*	Erdboden
vänta	warten

"Anders!" hör han någon säga. Margareta Andersson står framför honom. Anders Ek drar handen genom det korta håret och tar ett djupt andetag.
"Margareta!" säger han och sträcker fram handen för att hälsa. "Hur går det för er?"
"Det är för tidigt att säga något", säger kommissarie Andersson kort. Hon verkar stressad.
"Vet ni vem det är?" frågar Anders.
"Nej, inte än, men kroppen är välbehållen. Den har inte legat i vattnet länge."
"Är det en man eller en kvinna?"

"En man. Han är ganska ung. Han är inte känd av polisen sedan tidigare."
Då är det inget gängbråk som urartat, tänker Anders. Både polisen och tidningarna har koll på stans vanliga bråkstakar.
"Har kroppen några skador?"
"Han är knivstucken", säger kommissarie Andersson. Hon tittar på journalisten. Anders är tyst en stund.
"Ett mord alltså?" frågar Anders.
Kommissarie Andersson tänker efter.
"Skriv att polisen misstänker mord", säger hon. Anders nickar.
"Var är han stucken?" frågar han.
Margareta granskar Anders ansikte och säger: "Det får du veta på presskonferensen."

urarta	ausarten
ha koll på	unter Beobachtung halten
bråkstake *u*	Randalierer, Störenfried
misstänka	Verdacht haben
granska	prüfend betrachten

Övning 6: Imperativ. Wie lautet die Befehlsform? Tragen Sie ein!

1. köpa *Köp!*
2. köra ______
3. gå ______
4. ta ______
5. ursäkta ______

Hon går därifrån. Anders står kvar och funderar. På presskonferensen kommer rikspressen att vara med. Nu får han inte släppa försprånget. Anders tittar bort mot avspärrningen. Han ser ingen polis. Han går långsamt närmare. Ingen ser honom. Han tar några snabba steg. Han dyker under de blåvita banden och är framme vid kroppen. Mannen ligger på rygg. Ögonen är vidöppna och huden grå. Anders tar ofrivilligt ett steg tillbaka. Han tittar på kroppen. Han känner igen mannen. Han minns bara inte var han sett honom.

fundera	nachdenken
släppa	verlieren, loslassen
dyka *irr*	tauchen
minnas	sich erinnern
för... skull	um... willen, wegen
svika	im Stich lassen
ångra sig	bereuen

Tid: Måndag den 22 oktober
Plats: Julias lägenhet, Höstvägen 6A, Forsbacka

Julia går fram och tillbaka i sitt kök. Hon andas snabbt. Hon är nervös. Hon har sovit dåligt under natten. Annika, hennes bästa vän, är inte här och det är fel. Det enda hon vill är att ha Annika här.
Varför vill Annika vara ensam?
Julia gör ju allt för Annika. Hon kunde dö för Annikas skull. Hon tar fram mobilen och skickar ett meddelande till sin vän. 'Du är allt för mig. Varför sviker du mig nu?' skriver hon. Hon trycker på "skicka" och ångrar sig genast.

Tid: Måndag den 22 oktober
Plats: Redaktionen i Forsbacka, Blekinge Läns Tidning

Anders sitter framför datorn. Han skriver **febrilt** om mordet. Nyheten måste ut på **webben**, nu! Han **flyr** in i jobbet. Så lyfter han fingrarna från tangentbordet och lutar sig tillbaka. Han tar fram sin mobil. Inget svar än. Han tittar bland de skickade meddelandena i sin telefon. `'Jag finns här för dig. Anders.'` Det meddelandet skickade han till Annika i går kväll. Varför svarar hon inte?

> Schweden ist in 21 **län**, Provinzen, eingeteilt. **Blekinge län** liegt im Süden Schwedens und ist das kleinste der schwedischen **län**.

febrilt	fieberhaft
ϟ webben *u*	Internet
fly	fliehen, flüchten
hota	bedrohen
hämta	holen

Tid: Måndag den 22 oktober
Plats: Forsbacka gård

Annika mår fortfarande illa. Vad händer? Vem **hotar** henne? Julias kniv i Markus jackficka. Markus svarar inte i telefonen. Och nu den där träfiguren på dörren.
Så får hon ett infall. Hon **hämtar** Markus dator. Kanske hittar hon något bland hans meddelanden. Efter en stund hittar hon ett känt nummer. Det är Julias! Det första meddelandet kom för drygt ett halvår sedan. `'Snart blir du pappa. Grattis! Eller...?'` står det. Annika stirrar på skärmen. Varför kontaktar Julia Markus? Hon tycker ju illa om honom?

Tid: Måndag den 22 oktober
Plats: Redaktionen i Forsbacka, Blekinge Läns Tidning

> Bei einigen Verben, die einen Kontakt zwischen Personen ausdrücken, steht **-s** für **varandra** (einander, uns). Z.B.: **vi ses** (wir sehen uns), **vi träffas** (wir treffen uns).

En timme före presskonferensen lägger Anders ut den första artikeln om mordet på webben. Han tittar på rikspressens hemsidor. De har ingenting. Han slår kommissarie Anderssons nummer.
"Vet ni vem den döde är?" frågar han.
"Ja", svarar Margareta Andersson kort. "Vi meddelar de anhöriga just nu. Vi ses[i] på presskonferensen." Hon lägger på. Anders går in i köket för att sätta på en ny kanna kaffe[i]. Då knackar det på dörren. Två uniformsklädda poliser kommer in på redaktionen.
"Anders Ek, du följer med oss, nu!"

> In Schweden trinkt man gern und reichlich zu allen Tages- und Abendzeiten Kaffee. Die mehrmaligen Kaffepausen (**fika**) am Tag sind den Schweden heilig, auch am Arbeitsplatz! Wer da nicht mitmacht, wird schnell als Außenseiter abgestempelt und wer keinen Kaffee trinkt, nimmt einfach Tee.

4 Förhören

Tid: Måndag den 22 oktober
Plats: Mörrums polisstation

"Var var du söndagen den 21 oktober?"
Frågan kommer från kriminalinspektör Mårten Jönsson. Bredvid Jönsson står förhörsledare Malena Johansson. Anders blick flackar mellan de båda. Han känner dem väl. Han brukar ställa frågor till dem. Nu är det tvärtom. Nu sitter han i ett kalt rum och blir förhörd.
"Jag var på redaktionen fram till klockan 19."
"Och efter det?" frågar Jönsson.
"Jag minns inte helt säkert. Det är lite mycket just nu..."
"Ett vittne såg dig vid bryggan. Detta var i söndags kväll. Var du vid ån eller var du inte där?"
"Jo, jag tog en promenad till Forsbacka på kvällen. Det var i söndags, ja i går blir det ju..."
"Befann du dig vid Markus Forsells hus?"
Anders svarar inte. Markus Forsell... Sa kriminalinspektören Markus Forsell? Liket vid ån är alltså Markus Forsell, Annikas man. Tankarna snurrar.

tvärtom	umgekehrt
hel	ganz
vittne *n*	Zeuge
brygga *u*	Steg, Landungsbrücke

Anders får inte ihop det själv. Så säger han: "Nej, jag gick aldrig upp till huset. Jag gick längs med ån."
Kriminalinspektören fortsätter: "Markus Forsell mördades med en kniv. Hans kropp hittades 300 meter från huset. Kroppen låg i ån, söder om bryggan."
Jönsson gör en paus.
Sedan fortsätter han: "Hur förklarar du det här?"
Han lägger fram en **fällkniv** framför Anders. Anders **stelnar till**.
"Gjorde ni en **husrannsakan** på redaktionen? Är *jag* misstänkt för det här mordet?"
Jönsson svarar inte. **I stället** frågar han: "Är den här kniven din?"
Anders Ek svarar inte.
"Är den din eller inte?!"
"Jo, jag har en sådan där kniv. Jag täljer träfigurer."
"Kniven hittades 20 meter från Markus kropp. Hur förklarar du det?"
Anders Ek är **mållös**. Tankarna snurrar. Men Jönsson är **skoningslös**.
Han fortsätter: "Hur känner du Annika Forsell?"
Jönsson tar fram en plastpåse och **viftar** med den framför Anders ansikte. Anders ser två träfigurer i plastpåsen. Det är hans träfigurer, **tveklöst**.

fällkniv *u*	Klappmesser
stelna till	erstarren
husrannsakan *u*	(Haus)Durchsuchung
i stället	stattdessen
mållös	sprachlos
skoningslös	gnadenlos
vifta	wedeln
tveklöst	zweifellos
härva *u*	Durcheinander
nöjd	zufrieden
leende *n*	Lächeln
bete sig	sich benehmen, sich aufführen

Övning 7: Fyll i tomrummen. Lesen Sie weiter und setzen Sie das passende Substantiv in die Lücken!

man relation ~~pressen~~ paus

"Jag kan förklara. Men en sak först: Jag vill gärna reda ut min egen **härva** själv, innan 1. *pressen* får veta." Han tar en 2. ____ och skruvar på sig. Han fortsätter: "Jag har en 3. ____ med Annika Forsell. Men jag träffade aldrig hennes 4. ____."

Jönsson ser **nöjd** ut. Han håller tillbaka ett **leende**. Han lutar sig tillbaka i stolen och lägger armarna i kors. Anders fortsätter:

"Annika hade det tufft. För två år sedan började djurrättsaktivister lägga döda djur på gården. Eller, Annika trodde att det var djurrättsaktivister. Det trodde jag också först. Hon polisanmälde händelserna i början. Jag åkte ut för att skriva om det. Ja, så träffades vi första gången. Det blev fler incidenter vid gården. Fler döda djur. Men ni poliser gjorde inget. Annika kände sig hotad. Hon pratade med mig. Hennes man, ja, Markus som..."

Anders gör en paus innan han fortsätter: "...som är död nu, började **bete sig** konstigt. Han höll långa förhör med henne på nätterna. Han påstod att hon träffade andra. En gång knuffade han henne. Hon föll ner för trappan. Det var en olyckshändelse. Hon ville inte berätta i början. Men efter trappan var hon rädd. Jag fanns där som tröst. Vi började träffas oftare. I söndags var jag vid hennes gård. Jag gick förbi vid ån. Men jag gick aldrig upp till huset. Jag jobbade hela helgen. Min sista text lämnade jag av till nattchefen vid 19-tiden. Han kan intyga det! Vi hade tät kontakt den kvällen. Dessutom var fotograf Bo Lundgren med mig tidigare under kvällen. Jag gick förbi bryggan vid Forsbacka gård vid fyratiden. Strax efteråt träffade jag Bosse, ja, fotografen alltså. Vi åkte ut på helgens sista jobb.”

påstå	behaupten
olyckshändelse *u*	Unfall
intyga	bestätigen
dessutom	außerdem
strax efteråt	kurz danach
skadad	verletzt
intill	nebenan
sköta ngt	sich um etw. kümmern
klunk *u*	Schluck
fatta	fassen

”Varför åkte du ut till Forsbacka?”

”Jag ville ta en paus, få lite frisk luft, innan dagens sista reportage. Jag såg inget konstigt då.”

”Fanns någon annan på platsen?” frågar Jönsson.

”Nej, eller jo, två fiskare. De stod på andra sidan ån.”

Anders gör en paus. Så frågar han: ”Hur är det med Annika? Hon är väl inte skadad?”

Jönsson tittar på honom och svarar: ”Hon sitter i rummet intill. Kommissarie Margareta Andersson sköter det förhöret.”

Tid: Måndag den 22 oktober
Plats: Mörrums polisstation

Kommissarie Margareta Andersson ställer fram ett glas vatten. Annika tar en klunk. Hennes ögon är röda.
"Jag fattar inte. Är han verkligen död?" säger hon till kommissarie Andersson. Andersson nickar.
"Annika, var var du i går kväll? Söndagen den 21 oktober?"
"Jag var hemma hos Julia, min bästa vän, hela kvällen."
"Kan Julia intyga det?"
Annika tänker efter.
"Nej... Julia gick till affären, och till sin mamma."
Hon tittar upp.
"Varför frågar du det?"
Margareta Andersson svarar inte. Sedan frågar hon: "Älskade du din man?"
Annika tittar ner i golvet.

Övning 8: Något är fel. Lesen Sie weiter und korrigieren Sie die acht Fehler in den folgenden Sätzen!

Frågan kommer hos kriminalinspekteur Mårten Jönsson.

Bredvid Jönsson stå förhörsledare Malena Johansson.

Anders blick flacker mellan de båda. Han känner dem väl.

Han brukar ställer frågor med dem. Nu är det tvärtom.

Nu sitter han i en kalt rum och blir förhörd.

1. ______________________ 2. ______________________

3. ______________________ 4. ______________________

5. ______________________ 6. ______________________

7. ______________________ 8. ______________________

"Ja, men..." Hon tvekar. "Han var så annorlunda de senaste åren. Han var misstänksam och arg."
"Kan det ha med din relation med Anders Ek att göra?" säger kommissarie Andersson skarpt.
Annika rycker till. Kommissarien tar fram ett papper.
"Sms från Annika Forsell till Anders Ek fredagen den 19 oktober", läser hon. 'Jag är så trött. Jag vill knappt leva längre. Markus är värre än vanligt. Kram, A.'
Hon fortsätter: "Ville du bli av med Markus? Och leva med Anders i stället?"
Annika svarar inte.
"Eller med någon av de andra männen?" säger Margareta Andersson. Hon lägger långsamt fram två bilder. På den ena bilden tittar Annika glatt in i kameran. En lång, mörkhårig man med glasögon står tätt intill henne. På den andra bilden håller hon om en annan kille, med ljust hår. Det snurrar till i huvudet. Annika tar tag i bordet för att inte falla.

misstänksam	misstrauisch
⚡ bli av med	loswerden
glasögon *pl*	Brille
⚡ kille *u*	Junge
högt	*hier*: laut
en bild till	noch ein Bild
dra efter andan	heftig einatmen

"Var kommer de här bilderna ifrån?" säger hon till sist.
"Vi hittade dem i Markus garderob", säger Andersson kort.
"Jag förstår inte...", säger Annika tyst. Hon försöker tänka klart.
"Jag och Anders... Vi hade... eller har... en relation", säger hon sedan. "Men de andra männen känner jag inte!" säger hon högt och tydligt. Hon tittar på Andersson.
"Ni finns på bild tillsammans", säger kommissarien.
"Ja, men... jag förstår inte!" säger Annika.
Kommissarien lägger fram en bild till. Annika drar efter andan. Bilden visar henne, naken. Hon står på en strand. Tätt intill henne står en naken man.
"Så du minns inte det här heller [i]?" säger Andersson.
Hon tittar på bilden. Hon känner igen den. Det var en varm sommarkväll för två år sedan. Hon och Julia var vid Lindenborgssjön [i] och badade.
Annika ville inte vara med på bild, men Julia tog fotot ändå. Hon minns kvällen väl. Men det var bara hon och Julia där. Ingen man. Margareta Andersson reser sig upp och går runt bordet.
"Annika Forsell, två fiskare såg en kvinna vid ån i går kväll. Beskrivningen passar bra på dig!"
Annika tittar upp igen.
"Va? Jag var inte vid ån i går!"

Wenn man einen Satz verneint, kann man nicht mehr **också** für „auch nicht" verwenden. Dann muss man **inte heller** benutzen.

Lindenborgssjön (sjö=See) ist ein See bei Karlshamn in Südschweden. Schweden hat fast 100.000 Seen. Der größte in Schweden (der drittgrößte in Europa) ist der Vänersee.

"Kan du bevisa det?" säger kommissarien långsamt.
Annika tänker efter. Julia var inte hemma. Hon gick ju ut för att handla, så Annika var ensam. Men inte helt ensam. Någon ringde ju på dörren. Det hände vid sextiden.
"Vänta!" säger hon. "Jag var hos Julia. Men jag var inte ensam. En man ringde på dörren. Han kom från Jehovas **vittnen**. Jag kände mig ensam, så jag släppte in honom. Vi satt och pratade vid köksbordet säkert en timme."
Margareta Andersson tittar på Annika. Hennes ögon är smala.

vittne *n*	Zeuge
dog (*Prät. av dö*)	starb
gråta *irr*	weinen

"Och samtidigt ser fiskarna en kvinna vid ån. Hon har rött långt hår." Kommissarien tittar i sina papper och fortsätter: "Hon haltade visst lätt. Skadade du dig i bråket med din man?" säger hon.
Annika rycker till. Halta? Julia var inte hemma i går kväll. Hon kom hem upprörd och utan bullar.
"Min vän Julia haltar och hon har rött hår precis som jag", säger Annika.

Tid: Måndag den 22 oktober
Plats: Mörrums polisstation

Julia ser arg ut.
Hon tittar först på kommissarie Andersson och sedan på kriminalinspektör Jönsson.
"Jag var ju och handlade!" säger hon högt.
"Men du kom hem utan varor?" frågar Jönsson.

Övning 9: Som. **Bilden Sie aus den beiden Sätzen einen einzigen Satz, indem Sie das Relativpronomen *som* verwenden!**

1. Det är Markus. Markus dödar djuren?

   Det är Markus som dödar djuren?

2. Forsbacka är en vacker gård. Den ligger vid Mörrumsån.

   ____

3. På andra sidan ån stod två fiskare. Fiskarna kom från Tyskland.

   ____

"Jag glömde köpa bullar. Mamma ringde...", säger Julia, men tystnar snabbt.
"Julia Falk, din mamma **dog** för två år sedan!" säger Jönsson skarpt.
Julia tittar först upp. Hon ser förvånad ut. Sedan sänker hon blicken.
"Jag älskar ju henne så mycket!" säger hon. "Jag älskar Annika! Jag vill ha henne hos mig!" Hon börjar **gråta**.
Poliserna väntar. Till sist lugnar Julia sig.
"Annika är min. Hon ska bo hos mig", säger hon. "Jag ville göra gården skrämmande. Därför dödade jag djuren", fortsätter hon. "Jag tröstade Annika varje gång." Hon ler.

"Annika började misstänka Markus. Allt gick bra, hon kom till mig oftare och oftare. Och Markus var arg. Jag skickade ju bilderna på Annika och låtsas-männen till honom. Men han visste inte att det var jag som skickade breven.

"Låtsas-männen? Vad menar du med det?" frågar Jönsson.

"De finns inte", svarar Julia. "Jag redigerade bilderna i Photoshop."

Julias blick blir mörk.

"Men så kom den där Anders... Åh, Annika förändrades. Plötsligt verkade hon kär! I mig, trodde jag. Men så tittade jag i Annikas mobil, och då hittade jag alla meddelanden! En jäkla journalist! Hon kände ju honom knappt!"

Julias röst är iskall.

"Hur hamnade Anders Eks kniv på mordplatsen?" säger kommissarie Andersson[i].

Andersson (= der Sohn des Anders) ist der häufigste schwedische Nachname. Das liegt daran, dass **Anders** der beliebteste Name im 18. und 19. Jahrhundert in Schweden war. Da in der damaligen Zeit keine Nachnamen üblich waren, wurden die Männer nach dem Vorname des Vaters + **-son**, die Frauen Vornamen des Vaters + **-dotter** genannt.

"Jag kollade upp honom såklart. Anders täljde en massa löjliga träfigurer på redaktionen. Jag tog mig in där en kväll. Jag tog kniven och några träfigurer. De kunde vara bra att ha."

"Varför dödade du Markus Forsell?" frågar kriminalinspektör Jönsson efter en stund.

"Han kom ju på mig med djuren!" säger Julia ilsket. "Men han förtjänade det. Han tog Annika ifrån mig."

"Berätta om i går kväll", säger kommissarie Andersson lugnt.

"Jag var på gården. Jag dödade Annikas och Markus kanin. Den var... lite mer personlig. Jag ville skrämma bort Annika från gården en gång för alla.

Då kom Markus. Jag... jag hade journalistäcklets kniv. Och ja, det var ju perfekt! Jag stack Markus med kniven och lämnade kvar den. Sedan la jag en träfigur i Markus jackficka."

"Du blev av med både Markus och Anders på en gång, menar du?" frågar kommissarie Andersson.

"Ja", svarar Julia dröjande. "Det var en dröm. Markus död och Anders i fängelse. Och jag tröstar Annika."

låtsas	vortäuschen, fingieren
kär	verliebt
↯ jäkla	verdammt
hamna	landen, hingelangen
↯ kolla upp	ausspähen
löjlig	lächerlich
ta sig in	sich Zutritt verschaffen
komma på ngn	jmd. erwischen
lämna kvar	*hier*: liegen lassen

Epilog: Ett slut och en början

Tid: Lördag den 17 november
Plats: Mörrums kyrka

Begravningen är vacker, just som Annika **önskar**. Barnet sover i vagnen hela tiden. Efter begravningen promenerar Annika hemåt med vagnen. På halva vägen väntar Anders. De kramar om varandra. Anders tittar ner i vagnen. Han ler och hans **skrattgropar** träder fram. Barnet ler tillbaka. Annika ser sin sons små[i] skrattgropar, en på varje **kind**. Hon tar Anders hand. De går tillsammans nerför **backen**.

begravning *u*	Beerdigung
önska	wünschen
skrattgropar *u pl*	Grübchen
kind *u*	Backe
backe *u*	Hang

Liten/litet (klein) wird im Plural zu **små**. Z.B.: en liten träfigur (Holzfigur) - två små träfigurer; ett litet barn - två små barn.

Blodig helg i Stockholm

Charlotte Müntzing

1 Hotell Lady Victoria

Tåget rullar in över Stockholms ström. Malin Ericsson lutar sig fram mot fönstret. Hon ser på de gamla husen som står tätt intill varandra. Där ligger Rosenbad[i], tänker hon. I det huset finns justitieministern. Och där borta ligger riksdagshuset. Och där ligger Riksbanken. Vilka vackra hus. Tåget rullar in på Stockholms central. Malin tar sin lilla resväska och sin handväska. Tåget stannar. Malin går av tåget. Hon stannar en stund på perrongen.

> **Rosenbad** ist der Sitz der schwedischen Regierung in Stockholm im Stadtbezirk Norrmalm.

Hur ska jag gå nu? tänker hon.

Det är en vacker höstdag. Solen skiner. Luften är klar. Gamla stan[i] står det på en skylt. Jag promenerar till hotellet, tänker Malin. Hon går över Riksbron och kommer in i Gamla stan. Väster Långgatan står det på en skylt. Malin tar fram ett papper ur fickan. Jo, hon är på rätt gata. Lite längre fram, på en sidogata, ligger hotellet där hon ska bo.

> **Gamla stan** ist Stockholms Altstadt. **Gammal** heißt alt und **stan** ist die umgangssprachliche Kurzform von **staden** (die Stadt).

Malin stannar utanför hotellet. Det är ett gammalt hus. Grunden är från 1400-talet står det i broschyren som Malin har. Malin öppnar den tunga dörren och stiger in i foajén till Hotell Lady Victoria. Rummets väggar är täckta av speglar. De gnistrar i ljuset från alla lamporna i rummet. Malin känner hur fötterna sjunker ner i den tjocka mattan.

”Välkommen till Lady Victoria!” En kvinna kommer fram till Malin.

”Är det fru Ericsson?” frågar hon.

”Ja”, svarar Malin.

”Mitt namn är Beatrice Lagerskiöld”, säger kvinnan. ”Jag är hotellchef här. Fru Ericsson ska bo i rum nummer fem”, fortsätter hon. ”Det är på andra våningen. Hotellet har bara tolv rum.” Hon tar Malins resväska och går mot en trappa.

”Tyvärr har hotellet ingen hiss”, säger hon. ”Huset är från 1600-talet[i].”

Malin följer efter henne upp för trapporna. De går fram till rum nummer fem.

luta sig	sich lehnen
tätt	dicht
där borta	da hinten
resväska *u*	Koffer
stund *u*	Weile
perrong *u*	Bahnsteig
bro *u*	Brücke
ϟ stan (*staden*)	Stadt
längre fram (*långt fram*)	ein Stück weiter
sidogata *u*	Nebenstraße
vägg *u*	Wand
gnistra	funkeln
känna	fühlen; kennen
matta *u*	Teppich
våning *u*	Etage
hiss *u*	Aufzug

1600-talet bedeutet 17. Jahrhundert. 2000-talet wird in Schweden oft **tjugohundratalet** gesprochen.

"Drinkar serveras i foajén klockan fem. Passar det fru Ericsson? Middagen serveras klockan halv åtta."

"Det är utmärkt", säger Malin och stänger dörren efter Beatrice Lagerskiöld.

In den 1960er und 70er Jahren ist in Schweden die sogenannte Du-Reform, d.h. das **Duzen** unbekannter, älterer oder „höher" stehender Personen, durchgeführt worden. Im Dienstleistungssektor kommt es allerdings öfter vor, dass die ältere Anrede in der 3. Person **(fru Ericsson)** gebraucht wird.

Hon ser sig om i rummet. I mitten står en stor säng. Där ligger stora sidenkuddar och en vacker sidensjal. Några fåtöljer står vid det stora fönstret. Malin sätter sig i en av fåtöljerna. Hon ser det Kungliga slottet. Hon ser vatten och hon ser båtar. På bordet står en cooler. I den ligger en liten champagneflaska.

Är det fest, så är det, tänker Malin och öppnar flaskan. Hon tar av sig skorna och lägger upp fötterna i den andra fåtöljen. Champagnen bubblar i glaset. Malin tar en liten klunk. Mmm, så gott, tänker hon. Tack, Lisa, för att du bjuder mig på det här.

Övning 1: Rätt eller fel? Welche Aussagen sind korrekt? Kreuzen Sie an!

1. Hon ska bo på hotell i Gamla stan. ☒
2. Malin Ericsson reser till Göteborg. ☐
3. Hotellet har tjugofyra rum. ☐
4. Malin tycker inte om champagne. ☐

Det börjar ett halvår tidigare. Malin, som driver ett litet pensionat, och hennes goda vän Lisa pratar om heminredning.
"Blir du aldrig trött på din svenska stil?" undrar Lisa. "Du behöver se någonting annat." Hon syftar på Malins vackra trägolv, på blå- och vitrandiga textilier. Malins gardiner är vita linnegardiner med spetsar. De är hundra år gamla. Malin har trasmattor i sitt pensionat. Pensionatet ligger i ett gammalt hus, hundrafyrtio kilometer söder om Stockholm.
"Nu vet jag", ropar Lisa. "Du fyller ju fyrtio år snart. Du ska få en present av mig."
På sin födelsedag får Malin ett kuvert. Det är från Lisa. I kuvertet ligger ett brev. Där står att Malin får bo en weekend på Hotell Lady Victoria i Stockholm. Lisa betalar allting. Hon har råd, tänker Malin och tar en klunk till av champagnen. Men det är mycket snällt av henne att ge mig det här.
En stund senare reser hon sig. Hon öppnar sin resväska. Tar fram en klänning. Hon öppnar dörren till garderoben och hänger in klänningen. Ett högt, mullrande ljud hörs plöts-

slott *n*	Palast, Schloss
Är det fest, så är det.	Wenn schon feiern, dann richtig.
heminredning *u*	Raumgestaltung, Hauseinrichtung
vara trött på ngt	einer Sache überdrüssig sein
behöva	nötig haben; *hier*: müssen
syfta på	sich auf etw. beziehen
trägolv *n*	Holzboden
randig	gestreift
trasmatta *u*	Flickenteppich
ha råd	sich etw. leisten können
snäll	nett
stund *u*	Weile
mullra	grollen
ljud *n*	Laut

ligt. Det är luftkonditioneringen som startar. Så här kan jag inte ha det, tänker Malin. Då kan jag inte sova. Hon ringer till receptionen. Tre minuter senare står Beatrice Lagerskiöld i dörren.

"Jag ber tusen gånger om ursäkt", säger hon. "Fru Ericsson får rum nummer sex i stället." Hon hjälper Malin med väskan. De går tvärs över korridoren. Beatrice Lagerskiöld låser upp dörren till rum nummer sex. Det har samma inredning som rum nummer fem.

"Får vi bjuda fru Ericsson på en massage i hotellets Spa(i)?" frågar hon och ler.

"Ja. Tack så mycket(i)", säger Malin. Vilken tur jag har, tänker hon. Massage brukar vara väldigt dyr. Beatrice Lagerskiöld går. Malin ser champagneflaskan som står i coolern på bordet. Jag har ju redan druckit upp den andra, tänker hon. Det är nog inte meningen att jag ska ha den här också. Står den kvar när jag kommer från massagen – då tar jag den. Hon fnittrar. Hon lägger sig på den breda sängen. Åh, så skön. Jag vilar en liten stund innan massagen börjar, tänker hon.

Hotellets Spa ligger i källaren. En trappa går från receptionen ner till källaren. Trappstegen är av sten. De är nötta av många

> Achtung! Wenn Sie in Schweden in eine **Sauna** gehen, dann lassen Sie die Badekleidung besser an. Schweden gehen nicht nackt in die Sauna. Oft ist die Sauna nach Frauen und Männern getrennt.

> Die Schweden bedanken sich viel: **Tack** in allen verschiedenen Formen können Sie nicht oft genug sagen! Auch für eine Einladung oder ein Treffen bedankt man sich noch Tage danach (**Tack för senast; tack för inbjudan**).

hundra års fotsteg. Trappan går i spiral ner i **underjorden**. På en avsats ser Malin dörrarna till hotellets kök. Hon stannar och tittar genom **glasrutan**. Vilket stort kök, tänker hon. Varför har de så stort kök när matsalen är så liten?

Övning 2: Bokstavsröra. **Bringen Sie die Buchstaben in die richtige Reihenfolge!**

1. Det blir ligtvtre *trevligt*.
2. Hon rarttfni ____________.
3. Jag arilv ____________ en liten stund.
4. Snart osevr ____________ Malin.

Mitt i köket står en man. Han har ryggen vänd mot Malin. Han är upprörd. Han gestikulerar vilt. Han är **tydligen** arg på en man i hög kockmössa. Kökschefen, tänker Malin. Hon kan inte se den arge mannens ansikte. Men hon behöver inte se hans ansikte. Den mörkblonda hårsvansen som hänger ner på hans rygg känner hon väl. Hon blir alldeles kall. Hennes goda humör blåser bort. Det här är

senare	später
i stället	stattdessen
låsa upp	aufschließen
le	lächeln
tur *u*	Glück
brukar vara	pflegt zu sein, ist gewöhnlich
nog	sicher; genug
fnittra	kichern
vila	(aus)ruhen
nött (*nöta*)	abgenutzt (*abnutzen*)
underjorden *u*	Unterwelt
glasruta *u*	Glasscheibe
tydligen	scheinbar

jag inte beredd på, tänker hon. Nu måste jag samla ihop mig. Hon tar ett djupt andetag.

beredd på ngt	auf etw. gefasst sein
samla ihop sig	sich zusammenreißen
djup	tief
andetag *n*	Atemzug
uppsatt	hochgesteckt
huvud *n*	Kopf
ta hand om	sich annehmen, sich kümmern
trivas bra	sich wohl fühlen
konstig	merkwürdig
pengar *pl*	Geld
ändå	trotzdem
tveka	zögern
äga	besitzen
gifta sig	heiraten
fattig	arm

Så fortsätter hon ner för trappan. Små lampor lyser upp väggarna. Trappans väggar blir fulla av skuggor där Malin går. Trappan tar slut. Malin är i Spat. Det är ett stort rum. Väggar och tak är av sten. I mitten av rummet finns en bassäng. Över bassängen hänger en stor lampa. Ljuset speglar sig i den jadegröna vattenytan. Malin går fram till bassängkanten. Hon tittar ner i vattnet.

"Vacker, inte sant? Brunnen är från 1400-talet", säger en röst bakom henne.

Malin vänder sig om. Bakom henne står en ung kvinna klädd i vita byxor och jacka. Det tjocka blonda håret är uppsatt i en krans på huvudet.

"Christina!" utropar Malin. "Är det verkligen du?"

Christina slår armarna om Malin.

"Så roligt att du är här på hotellet. Hur länge ska du stanna? Nu har vi mycket att prata om."

"Du börjar", säger Malin. "Du arbetar hos mig på pensionatet i tre år. Sedan går du en utbildning. Nu arbetar du här."

"Ja", säger Christina. "Jag lärde mig mycket om hur man tar hand om gäster hos dig. Sedan har jag utbildat mig till massös. Jag trivs mycket bra här på Lady Victoria. Det är många[i] gäster här. Jag har arbete hela dagarna. Lönen är också bra."

Zur Wiederholung: **många** (viele) benutzt man, wenn man das Substantiv zählen kann, auf das es sich bezieht; **mycket** (viel) bei unzählbaren Begriffen.

"Så hotellet går bra?" undrar Malin.
"Nej. Det går inte bra. Det ska säljas."
"Så konstigt", säger Malin. "Vad beror det på? Hotellet är ju berömt. Ni är alltid fullbokade. Det kostar mycket pengar att bo här. Och ändå går det inte bra. Vad beror det på?"
Christina tvekar lite.
"Berätta från början", säger Malin och lägger sig på massagebänken. "Vem äger hotellet?" undrar hon.
"Det är Victoria Nilssons barnbarn."
"Vem var Victoria Nilsson?" undrar Malin. Hon har läst om Victoria Nilsson i hotellets broschyr. Men det säger hon inte. Det är roligare att höra när Christina berättar.

Övning 3: Fyll i tomrummen. Lesen Sie weiter und setzen Sie die fehlenden Verben ein!

döper | tycker | köper | gifter | ~~är~~

"Victoria Nilsson", säger Christina. "Hon föds 1920. Hon

1. *är* fattig men vacker och ambitiös.

Hon 2. ______ sig med en mycket rik köpman. Han är många år äldre än hon. Köpmannen 3. ______ det här huset till henne. Hon **gör om** det till hotell. Victoria 4. ______ själv att hon ser ut som en **grevinna**. Det tycker hon är fint. Därför 5. ______ hon hotellet till Lady Victoria."

"Men hon lever inte nu", säger Malin. "I så fall är hon nästan hundra år nu."
"Nej", säger Christina."Victoria föder en flicka. Hon övertar hotellet när Victoria dör. Hon gifter sig och föder en son. Det är han som äger hotellet nu. Men han är aldrig här. Han bor i USA. Det är Beatrice Lagerskiöld som **sköter** hotellet."
"Lever hans föräldrar?" frågar Malin.
"Nej, de är döda. De dog i en bilolycka för nio år sedan."
"Heter hotellets **ägare** Carl Ericsson", frågar hon.
"Ja. Känner du honom?" frågar Christina.
Malin känner hur det gamla **såret** rivs upp. **Tårarna** kommer i hennes ögon.

göra om	neu gestalten, verändern
grevinna *u*	Gräfin
sköta ngt	etw. leiten, etw. pflegen
ägare *u*	Besitzer
sår *n*	Wunde
tår *u*	Träne
varenda	jede/r/s
hyra ut	vermieten
sucka	seufzen

"Du sa att hotellet inte går bra", säger hon när hon känner att hon kan prata.
"Jag förstår inte varför det inte går bra", säger Christina. "Här i Spat är det fullt med arbete hela dagarna. Matsalen är full **varenda** kväll. Alla rummen är **uthyrda**."
Massagen verkar men Malin kan inte slappna av. Tankarna far genom huvudet på henne.
"Varför har ni så stort kök?" frågar hon.
Christina **suckar**. Hon sätter sig på en stol bredvid Malin.

Övning 4: Verb. **Lesen Sie weiter und setzen Sie das passende Verb in der korrekten Zeitform ein!**

arbeta | börja | laga | ~~hända~~

"Det är något konstigt som 1. *händer* ", fortsätter hon. Köket är stort. Det är ett stort rum. Men för ungefär fem år sedan 2. ______ vi köpa in mer och mer köksutrustning. Fler 3. ______ också i köket. Jag ser att de lagar mycket mat. Mycket mera än vad som serveras här. Vi 4. ______ även mat till ett litet hotell här i Gamla stan.

De har inget eget kök. De serverar bara brunch. Men i köket här på Lady Victoria lagar vi mycket mera mat än vad de här två hotellen behöver."

"Men vart tar maten vägen?" undrar Malin.

"Vet inte. Personalen packar den i stora bruna lådor. Små bilar kör in på gården och hämtar dem. Ibland försöker jag prata med dem som arbetar i köket. Då kommer kökschefen och är arg. Säger att de inte har tid att prata. De ska arbeta. Det är något skumt som pågår. Men jag tror att jag vet vilka som ligger bakom det här. Jag ska berätta det för Carl när jag träffar honom. Han är här nu. På överraskningsbesök."

De hör ett ljud från stentrappan. De rycker till. Det låter som krossat glas. Christina skjuter upp dörren som står på glänt. En skugga försvinner snabbt uppför trappan.

"Vad är det?" frågar Malin.

"Jag tror att någon lyssnar på oss", säger Christina.

Hon böjer sig ner och tar upp en trasig lampa.

Malin reser sig från britsen.

"Jag vill gärna ha pedikyr i morgon om det går bra", säger hon.

"Kom tidigt. Klockan åtta. Då har jag tid."

"Bra", säger Malin. "Vi får prata mera då. Det här verkar allvarligt. Var försiktig", tillägger hon.

När hon går uppför stentrappan tänker hon: Något med det här hotellet stämmer inte.

Vart tar det vägen *u*?	Wohin geht es?
låda *u*	Kasten
gård *u*	Hof
skum	zwielichtig
pågå	im Gange sein
rycka till	zusammenfahren
låta	lauten, sich anhören
stå på glänt	angelehnt sein
skugga *u*	Schatten
trasig	kaputt
brits *u*	Liege, Pritsche
verka	*hier*: scheinen
allvarlig	ernst

2 Cocktaildags

Malin letar i sin resväska. Hon hittar inte sin rosa klänning. ”Den ska vara här. Jag såg den ju när jag öppnade väskan tidigare i eftermiddags. Ah! Den hänger i garderoben i rum nummer fem.” Malin pratar högt för sig själv. Hon tittar på klockan. Den är snart sex. Jag måste skynda mig om jag ska få någon drink, tänker hon. Jag tar den svarta klänningen i stället. Jag hämtar den rosa i morgon.

dags	Zeit (für etw.)
affärsresa *u*	Geschäftsreise
strax	bald

Malin kommer ner i receptionen. Där är fullt med gäster. Hon sätter sig i en soffa. I andra änden av soffan sitter en äldre herre. Han hälsar vänligt på henne.

”Kan jag hämta en drink till dig”, undrar han. ”En whisky?”

”Nej, usch[i]! Jag tar gärna ett glas champagne.”

Auf Schwedisch sagt man für pfui oder igitt: **usch.**

Mannen presenterar sig. Han heter Gustav Lindberg. Han är på affärsresa. Han ska köpa ett hus i Stockholm. Malin och Gustav diskuterar sedan priser på hus. Malin berättar om sitt pensionat. Gustav är mycket intresserad. De pratar och pratar och strax är klockan halv åtta.

Det är tid för middag.
"Det här är verkligen en trevlig cocktailstund", säger Gustav Lindberg. "Har du någonting emot att vi delar bord under middagen?"
Det har Malin ingenting emot.
Gustav Lindberg är riktigt trevlig, tycker hon. Och charmig dessutom. Hur kan man ha så mycket att prata om, när man knappt känner varandra, tänker hon. Kemin stämmer. Middagen är fantastiskt god. De delar på en flaska rödvin som Gustav Lindberg väljer. Han kan viner, tänker Malin när hon smakar på det. Under middagen är Malin orolig. Hon ser sig hela tiden omkring. Ingen Carl Ericsson syns till. Gustav Lindberg ser ibland undrande på Malin. När middagen är slut reser Gustav sig från bordet.
"Det är en sådan fin höstkväll", säger han. "Varmt och skönt i luften. Får jag föreslå en liten utflykt?"
Malin ser tacksamt på honom. Hon vill inte vara ensam och hon vill inte gå och lägga sig. Alla minnen, allt som hon inte vill minnas, kommer då tillbaka. Det vill hon inte.
"Vilket bra förslag", säger hon och ler stort. "Vart ska vi?"

ha ngt emot	etw. dagegen haben
smaka	schmecken, *hier*: probieren
orolig	unruhig
synas till	zu sehen sein, sich zeigen
utflykt *u*	Ausflug
minne *n*	Erinnerung
skåp *n*	Schrank
skratta	lachen
bygga	bauen
helvete *n*	Hölle
motsatt	entgegengesetzt
håll *n*	Richtung

Övning 5: Fyll i tomrummen. **Lesen Sie weiter und setzen Sie die passenden Wörter ein!**

~~ut~~ efter om en till

"Hemlighet", säger Gustav och drar 1. *ut* hennes stol. De går ut i receptionen. Gustav går fram 2. ______ ett stort **skåp**. Han öppnar dörren. Därinne finns 3. ______ hiss. Det är en liten hiss. Där finns en röd sammetssoffa. Hela hissen glittrar som 4. ______ den var gjord av guld. Gustav stänger dörren 5. ______ dem.

"Men det finns ju ingen hiss här", **skrattar** Malin. "Det sa Beatrice Lagerskiöld."

"Jodå, den har funnits här sedan hotellet **byggdes**", säger Gustav.

Hissen går sakta uppåt. Den går så sakta att Malin börjar tänka på Pär Lagerkvists[i] novell om hissen som gick till **helvetet**. Hon säger det till Gustav. Han skrattar och säger att den här hissen går åt **mot-satt håll**. Den går till himlen. Och det är just vad den gör. Hissen stannar uppe på det gamla husets tak.

Pär Lagerkvist (1892-1974) ist ein schwedischer Schriftsteller, der 1951 den Literaturnobelpreis erhielt. Sein bekanntester Roman ist „Barabbas".

Gustav öppnar dörren och de stiger ut på en takterrass. Små och stora **lyktor sprider** ett romantiskt sken. Där finns stora fåtöljer. De sätter sig. Gustav hämtar sköna **filtar** ur ett skåp.
"Du hittar bra på det här hotellet", säger Malin. "Hur kommer det sig?"
Gustav bara skrattar och **häller upp** ett glas champagne från en flaska som står på bordet.
"Vi ska inte prata om mig", säger han. "Berätta istället varför du är så **ledsen**."
Det är nog allt vinet, tänker Malin. Hon känner hur tårarna börjar rinna utmed **kinderna**.
"Det är så länge sedan", **snörvlar** hon "så jag skulle inte tänka på det längre."
Gustav säger ingenting. Han bara sitter där **lugn** i sin fåtölj.
Och så börjar Malin berätta.
"Jag är tjugofem år när jag träffar Carl Ericsson första **gången**. Min mormor dör samma år och jag övertar hennes pensionat. Carl arbetar hos mig som kock. Det är bara för sommaren. Resten av året studerar han. Han vill bli läkare. Hans **betyg** är inte tillräckligt bra. Han kommer inte in på medicinutbildningen. Därför måste han komplettera sina betyg. Han läser biokemi."
Malin snyter sig i en näsduk som Gustav räcker henne.
"Men det hjälper inte", fortsätter hon. "Han kommer ändå inte in på medicinutbildningen. Så han läser andra

lykta *u*	Laterne
sprida	verbreiten
filt *u*	Wolldecke
hälla upp	einschenken
ledsen	traurig
kind *u*	Wange, Backe
snörvla	*hier*: schluchzen, schniefen
lugn	ruhig
gång *u*	Mal
betyg	Zeugnis, Note

ämnen. Han arbetar hos mig nästa sommar. Vi blir kära i varandra och gifter oss."

Malin ser att Gustav inte längre tittar på henne. Han ser på en dörr. Malin ser hur dörren sakta stängs.

"Vad är det för en dörr?" frågar hon.

"Den leder till trappan ner", svarar Gustav. "Det var väl någon som inte vill störa oss. Fortsätt berätta."

Malin torkar sig om näsan.

"Vi är gifta några månader när Carl vill att vi ska skaffa barn. Jag tycker att det är lite tidigt. Jag har ansvar för hela pensionatet. Jag vill vänta lite. Men Carl är envis. En dag är jag på kontroll hos läkaren. När jag går därifrån vet jag att jag aldrig kan få barn." Malin tystnar. Gustav rör sig inte i sin stol. Han bara väntar.

"Jag berättar för Carl. Han säger ingenting. Nästa morgon när jag vaknar ligger det en lapp på köksbordet. Det står: Tack för den här tiden."

Malin suckar.

"Jag gråter floder. Jag hör att telefonen ringer men jag orkar inte svara. Dagen därpå vill jag betala räkningar. Men det går inte. Det finns inga pengar på kontot. Jag går till banken. En väninna till mig arbetar där. Hon berättar att hon har ringt till mig hela eftermiddagen, men att jag inte har

ämne *n*	Fach
kär	verliebt
stänga	schließen
torka	trocknen, abwischen
ansvar *n*	Verantwortung
vänta	warten
envis	stur, hartnäckig
lapp *u*	Zettel
gråta	weinen
orka göra ngt	Kraft haben, um etwas zu tun

svarat. Carl har **tömt** alla våra konton. Hon kan inte stoppa honom. Han har **laglig** rätt. Vi är gifta."

Malin ser ut över hustaken i Gamla stan. Hur många tragedier händer inte här och nu? tänker hon.

"Det var många **tuffa** år", fortsätter hon. "Men jag klarade det. I dag går pensionatet bra. Jag är inte rik", säger hon snabbt. Hon vill inte att Gustav ska få fel intryck.

"**Hatar** du Carl?" frågar han.

"Ja", säger Malin. "Men jag hoppas att han snart är historia."

"Ja, och den **glömmer** vi", säger Gustav och reser sig. "Nu är det läggdags. Det är en dag i morgon också."

tömma	leeren
laglig	gesetzlich
tuff	hart
hata	hassen
glömma	vergessen

3 Andra problem

Klockan åtta hänger Malin upp sin badrock på en krok i Spat. Lamporna lyser välkomnande. Svag musik kommer ur högtalarna. Hon går fram till bassängen. Där ligger Carl. Han ligger på mage i vattnet. Den tjocka hårsvansen är full av blod. Han har ett stort sår i huvudet.

En timme senare sitter Malin i hotellets foajé. Hon pratar med polisen. Eller rättare sagt: de pratar med henne. Hotellet har stängt. Inga nya gäster får checka in. Polisen vill att de som nu finns på hotellet stannar kvar. De förhör Malin i flera timmar. Hon blir så trött på deras frågor att hon börjar gråta. Då går Gustav Lindberg fram till en av poliserna.

sår *n*	Wunde
flera	mehrere
misstänka	verdächtigen
kvarter *n*	Häuserblock

"Nu tycker jag att fru Ericsson ska få vila lite. Hon är väl inte misstänkt?" frågar han och ler lite.

"Nej", svarar den polis som förhör Malin. "Inte mera än någon annan."

"Bra", säger Gustav Lindberg. "Då ska jag ta med fru Ericsson på lunch. Hon behöver lite lugn och ro. Jag vet en liten trevlig restaurang i nästa kvarter. Vad säger du?" Han vänder sig till Malin. Hon ler tacksamt mot honom.

Övning 6: Plural. **Bilden Sie die unbestimmte Pluralform!**

1. flod ___*floder*___
2. dag ______________
3. lampa ______________
4. trappa ______________
5. dörr ______________

"Operakällaren!" Malin tror inte sina ögon. Liten, trevlig restaurang. Jo, jo. Så kan man också kalla en av Sveriges mest berömda restauranger.

sill *u*	Hering
skaldjur *n*	Schalentier
sikrom *u*	Maränenrogen (Fischeier)
frestelse *u*	Versuchung
lök *u*	Zwiebel
hemsk	unheimlich, schrecklich
höja	erheben, heben
vifta	wedeln
skaka	schütteln

"Ska vi äta här?" undrar hon lite oroligt när de går in i den stora matsalen. Det här har jag inte råd med, tänker hon. Gustav läser hennes tankar. Han tar henne under armen. "Det här bjuder jag på. Nu ska vi ha trevligt." Gustav beställer delikatesser. Det är olika sorters **sill**inläggningar, **skaldjur**, rökt lax, **sikrom**. Underbara köttbullar, Janssons **frestelse**[i] och tunna skivor av rostbiff med friterade **lök**ringar. Gustav beställer två snapsar.

"Jag brukar inte dricka snaps till lunch", säger Malin. "Det förstår jag", säger Gustav. "Men idag gör du det. Du är fortfarande i chock efter morgonens hemska upptäckt. Skål på dig!" Han höjer sitt glas. Malin höjer sitt.

"Skål(i)", säger hon. Hon ser ut över Stockholms ström och slottet. Allt är så vackert. Men bara två kvarter bort ligger en död man. Mördad. Livet är fullt av kontraster, tänker Malin.

"Malin!" Gustav viftar med handen framför hennes ansikte. "Vet Christina vad som pågår?" frågar han. Malin berättar det som Christina berättade dagen innan.

Janssons frestelse ist ein beliebter, köstlicher Auflauf aus in Stifte geschnittenen Kartoffeln, leicht gebräunten Zwiebeln, schwedischen Anchovisfilets (**skarpsill**) und Sahne. Die Herkunft des Namens ist umstritten.

Schweden schauen sich vor dem **Anstoßen der Gläser** in die Augen und dann noch einmal, bevor man das Glas wieder auf den Tisch stellt. Übrigens gibt es in Schweden zahlreiche **snapsvisor** – Trinksprüche und -lieder.

Övning 7: Vilken form är rätt? Lesen Sie weiter und fügen Sie die sechs Substantive in der richtigen Form ein!

fönster | dörr | ~~kök~~ | huvud | hotell | gata

"Du säger att 1. *köket* arbetar för fullt. Men 2. ______ går dåligt. Det stämmer inte." Gustav skakar på 3. ______.

"Kom", säger han. "Vi har ett uppdrag." Gustav betalar och de går ut på 4. ______________. Tio minuter senare går de in genom 5. ______________ till Hotell Lady Victoria. En polis står innanför dörren. Han känner igen **både** Gustav **och** Malin så de får gå in.

"Mitt rum ligger in mot gården", säger Gustav. "Jag sätter mig vid 6. ______________ och ser vad som händer."

Gustav går till sitt rum. Malin går till sitt. Malin är trött efter all den goda maten och snapsen. Hon sjunker ner i en fåtölj. Telefonen ringer.

"Hur har du det?" Det är Lisas glada röst.

"Jo, det är bra. Jag är mätt …" Längre kommer hon inte.

"Jag är också mätt. Det är därför jag ringer till dig. Jag är på en fest. De serverar en fantastisk buffé. Och kan du gissa vem som levererar buffén?"

"Det är väl Lady Victoria", säger Malin på skoj.

"Hur kan du veta det?"

Då faller pusselbitarna på plats. Malin sitter rakt upp i stolen.

"Lisa", säger hon. "Kan du fråga ditt värdfolk om de alltid köper mat från Lady Victoria?"

"Vänta", säger Lisa. Malin hör glada röster i bakgrunden. Så kommer Lisa tillbaka.

"Ja. Maten kommer alltid från Lady Victoria. Senast var den 28 maj. Det är deras bröllopsdag. Men varför undrar du det?"

"Förklarar sedan", säger Malin och avslutar samtalet. Malin går till Gustavs rum. Hon lyfter handen för att knacka på dörren. Hon tvekar. Kan hon lita på Gustav? Kan hon lita på en person som ser ut som en fräsch Charlie Sheen? Och är charmig. Tar jag fel, tänker Malin, då får jag skylla mig själv. Hon knackar på dörren. Gustav öppnar.

"Kom in", säger han. Framme vid fönstret står ett bord och en stol.

"Jag sitter här och tittar ut över gården", säger Gustav. "Jag ser två små skåpbilar som kör in på gården. De stannar utanför varuintaget. Två kockar från köket bär ut lådor som de lastar in i bilarna. Sedan går det en timme. Då kommer en ny bil. Samma sak upprepas."

"De har catering", säger Malin. "Mycket catering." Hon berättar om Lisas telefonsamtal.

"Men varför säger Christina till dig att hotellet inte går bra?"

både...och	sowohl...als auch
mätt	satt
gissa	erraten, raten
leverera	liefern
på skoj	aus Spaß
värdfolk *n*	Gastgeber
bröllopsdag *u*	Hochzeitstag
samtal *n*	Gespräch
lita på ngn	jdm. vertrauen
ta fel	sich irren
skylla sig själv	selbst Schuld sein
skåpbil *u*	Transportauto
varuintag *n*	Warenannahme
bära	tragen
upprepa	wiederholen

Övning 8: Komparera. **Steigern Sie folgende Adjektive!**

1. gammal	*äldre*	*äldst*
2. vacker	________	________
3. rolig	________	________
4. dyr	________	________

"Jag tror att jag vet", säger Malin. "Hotellet har många cateringuppdrag. Maten lagas här. Hotellet betalar råvarorna och personal. Men hotellet får aldrig betalt. De pengarna tar någon annan. Om bokföringen visar att hotellet inte har fått betalt för en catering den 28 maj – då har vi ett bevis."

"Det är snart cocktailtimme", säger Gustav. "Jag kommer och hämtar dig. Vi gör sällskap ner till foajén. Vi måste prata."

nyckel *u*	Schlüssel
städerska *u*	Putzfrau
ljusstake *u*	Leuchter
släcka	Licht ausmachen
mörker *n*	Dunkelheit

Malin går tillbaka till sitt rum. På vägen passerar hon rum nummer fem.

Jag måste hämta min klänning, tänker hon. Vilken tur att jag har nyckeln kvar.

Hon tar upp nyckeln ur jackfickan. Hon går in i rummet. Malin tänder några lampor. Vid sängen står en av hotellets städerskor. Hon håller en stor ljusstake i ena handen. I den andra har hon en handduk. Malin ler mot henne och säger hej. Hon sträcker ut handen mot garderoben. Men någonting är fel. Varför var det släckt i rummet? Varför arbetar städerskan i mörker.

Övning 9: Översättning. **Übersetzen Sie folgende Begriffe und enträtseln Sie das Lösungswort!**

1. langsam _ _ ☐ _ _
2. Tür _ ☐ _ _
3. schließen _ ☐ _ _ _ _
4. Pension _ _ _ _ _ _ _ _ ☐
5. arbeiten _ _ ☐ _ _ _
6. wunderbar ☐ _ _ _ _ _ _ _
7. Lachs ☐ _ _
8. Zwiebel ☐ _ _
9. Flasche _ _ ☐ _ _ _
10. Roastbeef ☐ _ _ _ _ _ _ _

Lösung: ☐☐☐☐☐☐☐☐☐☐

4 Hämnd

Attacken kommer snabbt. Malin faller till golvet. Städerskan sitter på henne. I handen håller hon ljusstaken. Då skriker Malin. Dörren öppnas. Christina kommer in. Hon kastar sig över städerskan. Drar bort henne från Malin. Så är Gustav där. Han hjälper Malin upp. Kramar henne.
Christina binder städerskans händer med en gardinsnodd. Hon sätter henne i en fåtölj.
"Vilken tur att jag kom", säger hon till Malin. "Ursäkta, att jag var sen i morse när du skulle få din pedikyr."
"Dena", fortsätter hon. "Vad betyder det här?"
Dena är tyst. Dena ser på Malin. Så börjar hon att gråta. "Jag hörde vad du sa uppe på takterrassen", snyftar hon. "Du hatar ju Carl Ericsson lika mycket som jag. Du var hans fru. Du kanske är mördaren."
"Jag!" utbrister Malin. "Det är du som står här med en stor ljusstake i handen. Har du slagit ihjäl Carl Ericsson?" frågar hon.
Dena svarar inte.

hämnd *u*	Rache
kasta sig	sich werfen
dra bort	wegziehen
krama	umarmen
snodd *u*	Schnur
slå ihjäl	tot schlagen, töten
utbyte *n*	Austausch
flämta till	nach Luft schnappen

”Dena”, säger Malin. ”Varifrån kommer du?”
”New York.”
”Hur länge har du varit här?”
”Sex månader.”
”Dena deltar i ett **utbyte**sprogram för hotellanställda”, förklarar Christina. ”Hon ville komma till Lady Victoria.”
”Varför det?” undrar Gustav som inte sagt någonting tidigare. Dena svarar inte.
”Vad finns det på hotell Victoria som är så intressant?” fortsätter Malin. Gustav svarar i Denas ställe.
”Carl Ericsson.”

Övning 10: Prepositioner. Setzen Sie die fehlenden Präpositionen *på* oder *i* ein!

1. Han sitter ___*i*___ en fåtölj.
2. Han sitter ______ en stol.
3. Gamla stan står det ______ en skylt.
4. Det är högt ______ tak.

Dena gråter inte längre. Hennes ögon är fulla av hat. Hon sätter sig rakt upp i stolen.
”Carl Ericsson dödade min syster”, säger hon.
Malin **flämtar till**.
”Dödade din syster? Hur?”
”Jag tror att jag kan en del av den här historien”, säger Gustav. ”Carl vill absolut bli läkare.” Gustav nickar mot Malin.

"Men han kommer inte in på medicinutbildningen i Sverige. Han vill då studera medicin i något annat land. Det kostar pengar. Stora pengar. Carls föräldrar dör i en **bilolycka**. Carl ärver hotellet. Hans föräldrar och jag var goda vänner. De ville att Beatrice skulle stanna kvar som chef och hjälpa Carl medan han studerar. Hon skulle sedan få köpa hotellet.
Nu har Carl pengar. Så han **flyttar** till Västindien. Han studerar medicin på Grenada. Efter några år vill han göra sin praktik i USA. Vad som sedan händer vet jag inte", säger Gustav. "Du vet nog resten", säger han till Dena.
Dena nickar.
"Carl kommer till New York", säger hon. "Han gör praktik där. Han vill sedan arbeta i USA som läkare. Han har inget green card. Så det kan han inte." Hon tar ett djupt andetag. "På nätet får han kontakt med min syster Carita. Hon blir förälskad. De gifter sig. Carita har en liten lägenhet i Greenwich. Där flyttar Carl in. Carita betalar **hyran** och maten. Carita hör hur Carl **grälar** med någon i telefonen. Säger att han **kräver** mera pengar från hotellet i Stockholm. Alla pengar Carl har använder han på sig själv. Varje morgon hämtar en limousin honom i Greenwich. Den kör honom till sjuk-

bilolycka *u*	Autounfall
flytta	umziehen
hyra *u*	Miete
gräla	zanken, schimpfen
kräva	fordern
mumla	murmeln
förvånad	erstaunt
göra slut på ngt	etw. aufbrauchen
pantsätta	verpfänden
hånskratta	höhnisch lachen
lura	prellen, austricksen

huset där han praktiserar. Carl vill inte åka buss eller tunnelbana. Ibland behöver Carl nya kläder. Min syster betalar. Carl säger att han ska betala tillbaka när han börjar arbeta."
Dena rör sig i stolen.
"Kan jag få lite vatten?" frågar hon. Gustav reser sig och häller upp vatten i ett glas. Han hjälper henne att dricka.
"Åren går", fortsätter Dena. "Carl får sitt green card. Nu kan han arbeta i USA. De går på restaurang och firar. Carita är lycklig. Hon berättar att hon är gravid. Morgonen därpå är Carl borta. På bordet i köket ligger en papperslapp. Där står..."
"Tack för den här tiden", mumlar Malin.
Dena ser förvånad på henne.
"Hur vet du det? Min syster har inga pengar kvar", fortsätter hon. "Carl har gjort slut på allt. Han har pantsatt hennes lägenhet. Hon kan inte betala. En månad senare blir hon utkastad på gatan. Sista kvällen i lägenheten öppnar hon gaskranen."
Nu rinner tårarna ner för Denas kinder.
"Så du beslutar att döda honom", säger Malin.
"Jag väntar i sex månader på att han ska komma hit", säger Dena. "I går kom han.Tidigt på morgonen möter jag honom. Han har badrock på sig. Han går ner för trappan till Spat. Jag följer efter. Jag är bara en städerska så han ser mig inte. Jag räknas inte i hans ögon. Han ser bara sig själv", säger hon bittert.
"Nere i Spat sätter han sig på kanten till bassängen. Han pratar i telefonen. Säger att hotellet har en ny ägare. Han skrattar. Hånskrattar. Säger att nu lurar han Beatrice Lager-

skiöld. Hon får inte köpa hotellet. Det lovade hans föräldrar henne. Men så blir det inte nu. Han hämnas på att Beatrice inte skickade mera pengar till N.Y."

Hon sitter tyst med de hopbundna händerna i knäet.

Så skrattar hon.

"Ni är dumma", säger hon. "Ser ni inte att de stjäl hela hotellet? Mitt framför näsan på er. Du", säger hon och vänder sig till Christina, "du vet. Jag hörde vad du sa i går till henne." Hon pekar på Malin. "Ni ska fråga Beatrice Lagerskiöld vad hon håller på med."

"Dödade du Carl?" frågar Gustav.

Dena tvekar.

"Nej", säger hon. "Det gjorde jag inte."

lova	versprechen
hämnas	sich rächen
i knäet	auf dem Schoß
stjäla *irr*	stehlen
hålla *irr* på med	*hier*: treiben, machen
spöke *n*	Gespenst
viska	flüstern
hel	ganz

"Men du står ju och torkar av ljusstaken", protesterar Malin. "För det är väl den som är mordvapnet?"

"Jag torkade snabbt bort fingeravtrycken", säger Dena lugnt.

"Carl sitter på kanten till bassängen", fortsätter hon. "Så får han se mig. Han blir så rädd att han tappar telefonen i bassängen. Han tror att han ser ett spöke. Carita och jag är tvillingar. *Carita*, viskar han. Han reser sig och går mot mig. Jag blir rädd och springer därifrån. I trappan möter jag Beatrice Lagerskiöld. Hon har en ljusstake i handen. Hon ser helt vansinnig ut."

"Du tror att det är Beatrice som dödar Carl", säger Christina. "Beatrice vet alltså att hotellet är sålt. Men inte till henne. Hon blir vansinnigt arg."

"Jag gömmer mig bakom köksdörren", fortsätter Dena. "Fem minuter senare kommer Beatrice uppför trappan. Ingen ljusstake. Jag går ner till Spat. Carl ligger i bassängen. Död. På golvet ligger ljusstaken. Jag tar den."

Gustav skrattar till.

"Du tar ljusstaken", säger han. "Du torkar av fingeravtrycken. Varför gör du det? Du säger ju att det inte är du som dödar honom."

Dena ser på honom.

"Beatrice gjorde mig en tjänst", säger hon."Annars hade jag mördat honom. Därför tar jag ljusstaken. Jag vill hjälpa Beatrice. När så Malin kommer in här och ser mig blir jag rädd. Jag tänker att hon kanske tror att det är jag som har mördat Carl. Hon ser ju ljusstaken. Det var dumt av mig. Förlåt."

Polisen hämtar Beatrice Lagerskiöld. Gustav och Malin sitter i restaurangens matsal.

"Mord och stöld. Det blir ett långt straff för Beatrice. Tur att fingeravtrycken finns kvar på ljusstaken", säger Gustav. "Du har rätt om cateringen." Han har hotellets bokföring framför sig. "De låter hotellet betala alla kostnader men inkomsterna tar Beatrice och kökschefen. Lönsam affär. Men bedrägeri och stöld. Dessutom mord. Det enda posi-

gömma	verstecken
tjänst *u*	Dienst
annars	sonst
stöld u	Diebstahl
låta	lassen
lönsam	rentabel
affär *u*	Geschäft
bedrägeri *n*	Betrug

tiva med det", fortsätter han, "är att de har arbetat upp en bra cateringverksamhet. Den får nu hotellets nye ägare."

"Jag undrar om den nye ägaren kommer att ändra på inredningen?" säger Malin.

"Ja, det är för många tofsar här. Det första den nye ägaren inreder är takterrassen. I går kväll **invigde** han den tillsammans med den kvinna han vill ska bli hans partner."

"Men, vi var ju där igår", säger Malin. "När **hann**..."

Så förstår hon. Hon reser på sig.

"Men jag kan inte få barn", säger hon.

"Nähä", säger Gustav och kramar henne. "Det kan inte jag heller. Vilken tur. De **ramlar** bara ner från takterrassen. Men vet du vad vi kan?" Han **lindar** en slinga av hennes röda hår runt sina fingrar.

"Det här håret gör mig **galen**", mumlar han med läpparna mot hennes hals. Han kysser henne.

"Vår passion ska bygga Stockholms bästa hotell."

inviga	einweihen
hinna	(zeitlich) schaffen
ramla	fallen
linda	wickeln
galen	verrückt
rysa	schaudern, erzittern

Polisen tar bort avspärrningarna nere i Spat. Christina städar efter dem. Vid bassängens kant stannar hon. Det ska vara fyra ljusstakar här, tänker hon. Men det finns bara tre. Kanske tog polisen en?

I så fall kommer den nog tillbaka.

Hon lägger fram en handduk och väntar på dagens första kund.

Gustav följer Malin till tåget. Hon lovar att snart komma till Stockholm.
"Annars kommer jag och hämtar dig", säger han.
Tåget rullar ut från Stockholms central. Malin ser ut genom fönstret. Ser bort mot Gamla stan. Hon sänder en ursäktande tanke till Beatrice Lagerskiöld, som nu är misstänkt för mordet på Carl Ericsson. Så öppnar hon sin handväska. Hon vecklar upp sidensjalen som ligger i väskan. Hon ser på ljusstaken som ligger där. Blod och långa blonda hårstrån täcker halva ljusstaken. Hon **ryser** när hon tänker på hur nära det var att Dena och Beatrice Lagerskiöld hade sett henne nere i Spat den där morgonen.
Beatrice rusar in på Spat. Hon attackerar Carl med ljusstaken. Hon skriker. Carl bara skrattar och hoppar undan. Till slut slänger Beatrice ljusstaken på golvet och springer därifrån. När Malin kommer ut från massagerummet ser Carl bara förvånat på henne.
"Är du också här?" säger han. "Tre hysteriska kvinnor på samma morgon. Det är synd om mig."
Han böjer sig ner över bassängens kant. Han vill ta upp sin telefon. Några sekunder senare ligger Carl död i bassängen. Malin gömmer sig i massagerummet. Dena kommer tillbaka in i Spat. Hon ser ljusstaken som Beatrice slängde på golvet och tar upp den. Hon ser inte Malin.

Tåget rullar genom Stockholms södra förorter. Malin ser fortfarande ut genom fönstret.
Äntligen fri, tänker hon. Äntligen fri från dig, Carl Ericsson.

Sluttentamen

Lösningar

Ordlista

Förteckning över övningar

Sluttentamen

Övning 1: Plural. **Bilden Sie die unbestimmte Pluralform!**

1. kniv ________________
2. telefon ________________
3. kopp ________________
4. pappa ________________
5. träfigur ________________

Övning 2: Komparera. **Wählen Sie die richtige Steigerungsform der Adjektive, die in Deutsch angegeben sind!**

1. Kom så kollar vi på en film och tänker på något annat, då kommer du att må ________________. (besser)
2. Julia har fina minnen från förr, men vilket var ________________? (fein, schön)
3. Det var det underligaste Markus hade upplevt, nästan lika ________________ som förra hösten. (seltsam)
4. Kaninen är sjuk, kanske till och med ________________ än han trodde. (krank)
5. Det blev tyst i telefonen, kanske det ________________ samtal jag upplevt. (ruhig)

Övning 3: Konjugera. **Ergänzen Sie die fehlenden Verbformen in Präsens, Präteritum und Supinum!**

1. ligger	______	har legat
2. ______	frös	har frusit
3. träffar	träffade	har ______
4. går	______	har gått
5. ______	tittade	har ______
6. flyr	______	har flytt

Övning 4: Prepositioner. **Ergänzen Sie die fehlenden Präpositionen!**

Hon tar en genväg 1. ______ grönsakslandet och går tillbaka 2. ______ skrivbordet.

En stund senare ringer det på dörren. 3. ______ dörren står en lång mörk man. Annika och Markus köpte en kanin 4. ______ snart två år 5. ______.

Jackan är självlysande 6. ______ skymningsljuset.

Övning 5: Räkneord. **Schreiben Sie die Ziffern in Buchstaben aus!**

1. 3 ______
2. 5 ______
3. 6 ______
4. 25 ______
5. 140 ______

Övning 6: Vad är rätt? **Kreuzen Sie die richtige Antwort an!**

1. Malin Ericsson äger:

   a) ❑ ett pensionat b) ❑ ett hotell c) ❑ en segelbåt

   d) ❑ en mycket dyr handväska.

2. Malin Ericsson tycker om:

   a) ❑ persiska mattor b) ❑ trasmattor

   c) ❑ Carl Ericsson d) ❑ whisky

3. Malin och Gustav äter lunch på Operakällaren. Vad äter de inte?

   a) ❑ rostbiff b) ❑ sill c) ❑ sniglar d) ❑ lax

4. Malin mördar Carl därför att:

   a) ❑ han har tagit hennes pengar. b) ❑ hon får inte köpa hotellet. c) ❑ Carl tycker att hon lagar dålig mat.

   d) ❑ hon älskar honom, men han vill inte ha henne.

Övning 7: Kanelbullar. **Was braucht man zum Backen einer Zimtschnecke? Setzen Sie ein!**

1.	☐ mjöl	a) Milch
2.	☐ jäst	b) Butter
3.	☐ socker	c) Zimt
4.	☐ mjölk	d) Hefe
5.	☐ kanel	e) Mehl
6.	☐ smör	f) Zucker

Lösningar

Mordet på fjorden

Övning 1: **1.** rätt **2.** fel (Åke Jansson är kriminalinspektör.) **3.** fel (Herr Andersson är en katt.) **4.** fel (Åke Jansson älskar fisk.)

Övning 2: **1.** Utanför **2.** sitter **3.** och **4.** på **5.** frågar **6.** sin

Övning 3: **1.** snabbt **2.** fina **3.** flickorna **4.** frun

Övning 4: **1.** koppar **2.** tankar **3.** koljor **4.** färjor

Övning 5: **1.** c **2.** d **3.** e **4.** a **5.** b

Övning 6: **1.** är **2.** har **3.** har frågat **4.** tycker

Övning 7: **1.** Bosse kör en trailer.
2. Håret är svart.
3. Fjorden heter Oslofjorden.

Övning 8: **1.** hans **2.** hennes **3.** din **4.** Deras

Övning 9: **1.** kör **2.** är **3.** står **4.** skriver **5.** säger

Fatal vänskap

Övning 1: **1.** plockar **2.** var **3.** är **4.** paddlade **5.** lagade **6.** är **7.** drar

Övning 2: **1.** rätt **2.** fel (Annika älskar naturen och lugnet.) **3.** fel (På hösten jagar Annika älg.) **4.** fel (Vid ytterdörren hittar Annika en katt med avskuret huvud.) **5.** rätt

Övning 3: **Senkrecht:** djur, trappa; **Waagerecht:** kompis, hund, köttbulle

Övning 4: **1.** Annika frågar Markus om han har dödat djuren. **2.** Annika tror att Markus kommer hem om några timmar. **3.** Julia går till Coop för att handla.

Övning 5: **1.** lugn **2.** sjuk **3.** långsamt **4.** full **5.** mörk

Övning 6: **1.** Köp! **2.** Kör! **3.** Gå! **4.** Ta! **5.** Ursäkta!

Övning 7: **1.** pressen **2.** paus **3.** relation **4.** man

Övning 8: **1.** från **2.** kriminalinspektör **3.** står **4.** flackar **5.** dem **6.** ställa **7.** till **8.** ett

Övning 9: **1.** Det är Markus som dödar djuren?

2. Forsbacka är en vacker gård som ligger vid Mörrumsån.

3. På andra sidan ån stod två fiskare som kom från Tyskland.

Blodig helg i Stockholm

Övning 1: **1.** rätt **2.** fel (Malin reser till Stockholm.) **3.** fel (Hotellet har tolv rum.) **4.** fel (Malin tycker om champagne.)

Övning 2: **1.** trevligt **2.** fnittrar **3.** vilar **4.** sover

Övning 3: **1.** är **2.** gifter **3.** köper **4.** tycker **5.** döper

Övning 4: **1.** händer **2.** började **3.** arbetar **4.** lagar

Övning 5: **1.** ut **2.** till **3.** en **4.** om **5.** efter

Övning 6: **1.** floder **2.** dagar **3.** lampor **4.** trappor **5.** dörrar

Övning 7: **1.** köket **2.** hotellet **3.** huvudet **4.** gatan **5.** dörren **6.** fönstret

Övning 8: **1.** gammal, äldre, äldst **2.** vacker, vackrare, vackrast **3.** rolig, roligare, roligast **4.** dyr, dyrare, dyrast

Övning 9: **1.** sakta **2.** dörr **3.** stänga **4.** pensionat **5.** arbeta **6.** underbar **7.** lax **8.** lök **9.** flaska **10.** rostbiff

Lösung: KÖTTBULLAR

Övning 10: **1.** i **2.** på **3.** på **4.** i

Tentamenslösningar

Övning 1: **1.** knivar **2.** telefoner **3.** koppar **4.** pappor **5.** träfigurer

Övning 2: **1.** bättre **2.** finast **3.** underligt **4.** sjukare **5.** tystaste

Övning 3: **1.** låg **2.** fryser **3.** träffat **4.** gick **5.** tittar, tittat **6.** flydde

Övning 4: **1.** över **2.** till **3.** I **4.** för **5.** sedan **6.** i

Övning 5: **1.** tre **2.** fem **3.** sex **4.** tjugofem **5.** etthundrafyrtio

Övning 6: **1.** a **2.** b **3.** c **4.** d

Övning 7: **1.** e **2.** d **3.** f **4.** a **5.** c **6.** b

Ordlista

↯ = umgangssprachlich
u = Utrum (en)
n = Neutrum (ett)
pl = Plural
irr = unregelmäßig

affär *u*	Geschäft
affärsresa *u*	Geschäftsreise
äga	besitzen
ägare *u*	Besitzer
alldeles	ganz
allvar	Ernst
allvarlig	ernst
älskad	geliebt
ämne *n*	Fach
andas	atmen
andetag *n*	Atemzug
ändå	trotzdem
annars	sonst
annorlunda	anders
ännu en/ett	noch ein/eine
ansvar *n*	Verantwortung
anta *irr*	annehmen
anteckningsbok *u*	Notizbuch
Är det fest, så är det	Wenn schon Fest, dann richtig
ärende *n*	Angelegenheit
arg	wütend, böse
avskuren	*hier*: aufgeschlitzt
avsky	verabscheuen
axel *u*	Schulter
backe *u*	Hang
bagagelucka *u*	Kofferraum
bagageutrymme *n*	Kofferraum
bakifrån	von hinten
bakom	hinter
baksäte *n*	Rücksitz
bandspelare *u*	Tonbandgerät
bära *irr*	tragen
bedrägeri *n*	Betrug

begravning *u*	Beerdigung
behöva	nötig haben; brauchen; *hier*: müssen
beredd på ngt	auf etw. gefasst sein
besviken	enttäuscht
bete sig	sich benehmen, sich aufführen
betyg *n*	Zeugnis, Note
bildäck *n*	Autodeck
bilolycka *u*	Autounfall
ϟ bli av med	loswerden
blixtsnabbt	blitzschnell
böja sig	sich beugen
börja	beginnen, anfangen
bredvid	daneben, nebenan
brits *u*	Liege, Pritsche
bro *u*	Brücke
bröllopsdag *u*	Hochzeitstag
bruka (göra ngt)	normalerweise etw. tun; zu tun pflegen
brukar ha	hat normalerweise
brukar vara	pflegt zu sein, ist gewöhnlich
brusa	rauschen
bry sig om	sich kümmern
brygga *u*	Steg, Landungsbrücke
bråka	Krach haben, streiten
bråkstake *u*	Randalierer, Störenfried
bulta	pochen, klopfen
bur *u*	Käfig
bussbolag *n*	Busunternehmen
bygga	bauen
både…och	sowohl…als auch
chassinummer *n*	Fahrgestellnummer
dags	Zeit (für etw.)
där borta	da hinten
de flesta	die meisten
dessutom	außerdem
ϟ det är lugnt	es ist okay
Det går undan.	Es geht schnell voran.
Det var min tur.	Ich war an der Reihe.
djup	tief
dö *irr*	sterben
död	tot
döda	töten, umbringen
dog (*Prät. av dö*) *irr*	starb
dra efter andan	heftig einatmen
dra *irr* bort	wegziehen
drag *n*	Zug
dråp *n*	Mord
dröjande	zögernd
dryg	etw. mehr als, gut
duga *irr*	gut genug sein
dyka *irr*	tauchen
dålig (värre, värst)	schlimm (schlimmer, am schlimmsten)

efterlysa	suchen, fahnden
Eller hur?	Nicht wahr?
en bild till	noch ein Bild
enkel	einfach
envis	stur, hartnäckig
erbjuda *irr*	bieten, anbieten
fällkniv *u*	Klappmesser
famn *u*	*hier:* Arm
färja *u*	Fähre
fatta	fassen
fattig	arm
febrilt	fieberhaft
fick (*Prät. von* få)	bekam
ficka *u*	Tasche
filt *u*	Wolldecke
finnas *irr* kvar	noch da sein
flämta till	nach Luft schnappen
flera	mehrere
flicknamn *n*	Mädchenname
fly	fliehen, flüchten
flytta	umziehen
fnittra	kichern
födas	geboren werden
för att få	um zu bekommen
För fan!	Zum Teufel!
för *u*	Bug
för...skull	um... willen, wegen
förbaskad	verflucht
föremål *n*	Gegenstand
förr	früher
forsar	brausen
försvara	verteidigen
förtjäna	verdienen
förtjust	entzückt
förvånad	erstaunt
förväntan *n*	Erwartung
förvaringsbox *u*	Schließfach
framsäte *n*	Vordersitz
frånvarande	abwesend
frestelse *u*	Versuchung
fripassagerare *u*	blinder Passagier
frysa *irr*	frieren, frösteln
fuktig	feucht
fundera	nachdenken, überlegen
få *irr* ngt på halsen	etw. angehängt bekommen
få *irr* tag i	erwischen
galen	verrückt
genom	durch
generad	verlegen
genväg *u*	Abkürzung
gifta sig	heiraten

gissa	erraten, raten
glasögon *pl*	Brille
glasruta *u*	Glasscheibe
glömma	vergessen
gnälla	quietschen
gnistra	funkeln
golv *n*	Boden
gömma (sig)	(sich) verstecken
göra *irr* om	neu gestalten, verändern
göra *irr* sig osynlig	sich unsichtbar machen
göra *irr* slut på ngt	etw. aufbrauchen
gräla	zanken, schimpfen
granska	prüfend betrachten
grevinna *u*	Gräfin
gråta *irr*	weinen
gång *u*	Mal
gård *u*	Hof
ha bråttom	Eile haben
ha koll på	unter Beobachtung halten
ha ngt emot	etw. dagegen haben
ha ont	Schmerzen haben
ha råd	sich etw. leisten können
halka	ausrutschen
hälla upp	einschenken
hälsa på	besuchen
halta	hinken
hamna	landen, hingelangen
hämnas	sich rächen
hämnd *u*	Rache
hamnplan *u*	Hafengelände
hämta	holen
hända	passieren
händelse *u*	Ereignis
handfat *n*	Waschbecken
handväska *u*	Handtasche
hankatt *u*	Kater
hånskratta	höhnisch lachen
häromkvällen	neulich abends
härva *u*	Durcheinander
hata	hassen
hel	ganz
helgpass *n*	Wochenenddienst
helvete *n*	Hölle
heminredning *u*	Raumgestaltung, Hauseinrichtung
hemsk	unheimlich, schrecklich
hinna *irr*	(zeitlich) schaffen
hiss *u*	Aufzug
historia *u*	Geschichte
hitta	finden
hjärna *u*	Hirn
hög *u*	Haufen, Stoß

hög	*hier*: laut; hoch
högtalare *u*	Lautsprecher
höja	erheben, heben
hoppa upp	hochspringen
hörn *n*	Ecke
hota	bedrohen
huggkubbe *u*	Hackklotz
husrannsakan *u*	(Haus)Durchsuchung
huvud *n*	Kopf
hyra *u*	Miete
hyra ut	vermieten
hytt *u*	Kabine
håll *n*	Richtung
hålla *irr* på med	*hier*: treiben, machen
hålla *irr* sig borta	sich fern halten
i alla fall	jedenfalls
i knäet	auf dem Schoß
i stället/istället	stattdessen
ilska *u*	Wut
ϟ ingen fara *u*	*hier*: macht nichts
ingenstans	nirgends, nirgendwo
inkorg *u*	(E-Mail-)Posteingang
intill	nebenan
intyga	bestätigen
inviga	einweihen
ϟ jäkla	verdammt
ϟ jämt	ständig
jord *u*	Erde
käke *u*	Kiefer
känna	fühlen; kennen
känna igen	wiedererkennen
känna sig	sich fühlen
känna på sig	im Gefühl haben
känsla *u*	Gefühl
kär	verliebt
kärlek *u*	Liebe
kasta sig	sich werfen
ϟ kille *u*	Junge
kind *u*	Wange, Backe
klia	kratzen
kliva *irr*	steigen
klunk *u*	Schluck
knä *n*	Knie
knappa in	eintippen
knappt	kaum; fast nicht
knyta *irr* ihop	zusammenbinden
knyta näven	Faust ballen
kolja *u*	Schellfisch
ϟ kolla på ngt	etw. angucken
ϟ kolla upp	ausspähen
kolla	kontrollieren

komma *irr* ihåg	sich erinnern
komma *irr* iväg	wegkommen
komma *irr* på ngn	jmd. erwischen
kommer *irr* att rensa	wird säubern
konstig	merkwürdig, komisch, seltsam
koppel *n*	Hundeleine
korg *u*	Korb
kram *u*	Umarmung
krama	umarmen
kräva	fordern
krypa *irr*	kriechen, krabbeln
kryss *n*	Kreuz
kvarter *n*	Häuserblock
laglig	gesetzlich
lämna kvar	*hier*: liegen lassen
lämna	hinterlassen; verlassen
låna	ausleihen, leihen
längre fram (*långt fram*)	ein Stück weiter
längta	sich sehnen
lapp *u*	Zettel
ϟ läsk *u*	Limonade
lättnad *u*	Erleichterung
le	lächeln
ledsen	traurig
leende *n*	Lächeln
leka	spielen
le	lächeln
lerig	schlammig
leta efter	suchen
leverera	liefern
lifta	trampen
ligga lågt *irr*	*hier*: es langsam angehen lassen
ligist *u*	Halbstarke(r)
lik *n*	Leiche
lik	gleich, ähnlich
linda	wickeln
lita på ngn	jdm. vertrauen
ljud *n*	Laut
ljusstake *u*	Leuchter
löjlig	lächerlich
lök *u*	Zwiebel
lönsam	rentabel
löv *n*	Laub
lova	versprechen
lugn *n*	Ruhe
lugn	ruhig
lukta	riechen (nach)
lur *u*	(Telefon)Hörer
lura	prellen, austricksen
luta sig	sich lehnen
lykta *u*	Laterne

låda *u*	Kasten
lås *n*	Verschluss, Schloss
låsa	abschliessen
låsa upp	aufschließen
låta *irr*	lassen; sich anhören
låter *irr* inte dumt	hört sich nicht schlecht an
låtsas	vortäuschen, fingieren
mark *u*	Erdboden
mätt	satt
matta *u*	Teppich
⚡ med en gång	sofort
meddelande *n*	Nachricht
mellan	zwischen
mindre	kleiner
mink *u*	Nerz
minnas	sich erinnern
minne *n*	Erinnerung
misstänka	verdächtigen; Verdacht haben
misstänksam	misstrauisch
mörk	dunkel
mörker *n*	Dunkelheit
möta	treffen
motsatt	entgegengesetzt
mullra	grollen, brummen
mumla	murmeln
mållös	sprachlos
må illa	schlecht sein
nappa	anbeißen
nog	*hier*: sicher, wahrscheinlich
nog	sicher; genug; wohl
nöjd	zufrieden
nött (*nöta*)	abgenutzt (*abnutzen*)
nu för tiden	nunmehr
nybliven	neulich geworden
nyckel *u*	Schlüssel
olyckshändelse *u*	Unfall
om	*hier*: wenn
omedelbart	umgehend, sofort
område *n*	Gebiet, Bereich
orka göra *irr* ngt	Kraft haben, um etwas zu tun
orka	können, vermögen; verkraften
orolig	unruhig
otäck	unheimlich
pantsätta *irr*	verpfänden
peka	mit dem Finger zeigen
pengar *pl*	Geld
perrong *u*	Bahnsteig
plånbok *u*	Brieftasche
prata	sprechen
⚡ pyssla om	sich um jmd. kümmern
på samma gång *u*	gleichzeitig

på skoj	aus Spaß
pågå *irr*	im Gange sein
påstå *irr*	behaupten
rädd	ängstlich
rädsla *u*	Angst
rak	gerade
räka *u*	Garnele
räkna	zählen
ramla	fallen
randig	gestreift
reda upp	(auf)klären
reda ut ngt	etw. aufklären
ren	sauber
resväska *u*	Koffer
retas	necken
ringa av	auflegen, Telefonat beenden
rita	zeichnen
rödspätta *u*	Scholle
röra sig	sich bewegen
rusa	stürzen; schnell laufen
rycka till	zusammenzucken, zusammenfahren
rysa	schaudern, erzittern
sakna	vermissen
säljas *irr*	verkauft werden
samla ihop sig	sich zusammenreißen
samlad	*hier*: besonnen
samtal *n*	Gespräch
ϟ sånt (sådant)	sowas, solches
sår *n*	Wunde
sätta *irr* fart	in Fahrt kommen, "Gas geben"
semester *u*	Urlaub
senare	später
sidogata *u*	Nebenstraße
sikrom *u*	Maränenrogen (Fischeier)
sill *u*	Hering
självklart	selbstverständlich
skadad	verletzt
skaka	*hier*: beben; schütteln
skaldjur *n*	Schalentier
skåp *n*	Schrank
skåpbil *u*	Transportauto
ϟ skitsur	stinksauer
skog *u*	Wald
skoningslös	gnadenlos
sköta ngt	etw. leiten, etw. pflegen, sich um etw. kümmern
skrämma	erschrecken
skratta	lachen
skrattgropar *u pl*	Grübchen
skugga *u*	Schatten
skum	zwielichtig

skylla sig själv	selbst Schuld sein
skymma	dämmern
skymningsljus *n*	Dämmerungslicht
slå *irr*	(an)wählen
slå *irr* ihjäl	tot schlagen, töten
släcka	Licht ausmachen
släppa	verlieren, loslassen
slappna av	entspannen
slott *n*	Palast, Schloss
slutsats *u*	Schlussfolgerung
smaka	schmecken, *hier*: probieren
smyga *irr* till ngn	jdm. heimlich zustecken
smyga	schleichen
snäll	nett
snart	bald
snodd *u*	Schnur
snörvla	*hier*: schluchzen, schniefen
som om	als wenn
sönder	kaputt
soptunna *u*	Mülltonne
spädbarn *n*	Säugling
spöke *n*	Gespenst
sprida *irr*	verbreiten, ausbreiten
springa *u*	Spalt
städerska *u*	Putzfrau, Reinigungskraft
stadig	fest, stabil
städrock *u*	Putzkittel
ϟ stan	Stadt
stänga	schließen
stanna	stoppen, stehen bleiben
steka	braten
stelna till	erstarren
stjäla *irr*	stehlen
stöld *u*	Diebstahl
stoppa	*hier*: stecken
storrökare *u*	starker Raucher
strax efteråt	kurz danach
strax	bald
stuga *u*	(Sommer)Häuschen
stund *u*	Weile
sucka	seufzen
svamp *u*	Pilz
svara	antworten
svartsjuka *u*	Eifersucht
svika	im Stich lassen
syfta på ngt	sich auf etw. beziehen
syna	genau betrachten
synas till	zu sehen sein, sich zeigen
ϟ synka (synkronisera)	synchronisieren
syskon *n sing + pl*	Geschwister
sådan	solch ein/e

stå *irr* på glänt	angelehnt sein, einen Spalt offen stehen
ta *irr* fel	sich irren
ta *irr* hand om	sich annehmen, sich kümmern um
ta *irr* sig in	sich Zutritt verschaffen
ta *irr* tag	(an)packen
ta *irr*	(auf)nehmen
tala om	erzählen, berichten
tälja	schnitzen
tanke *u*	Gedanke
tankspridd	zerstreut, gedankenverloren
tappa	verlieren, fallen lassen
tätna	dichter werden
tätt	dicht
tidigare	früher
till och med	sogar
till sist	schließlich, endlich
tillbaka	zurück
tillbringa	verbringen
tilltagande	zunehmend
tillåta *irr*	erlauben
tinning *u*	Schläfe
tjänst *u*	Dienst
tjuvlyssna	(heimlich) lauschen
tolk *u*	Dolmetscher/in
tom	leer
tömma	leeren
torka	trocknen, abwischen
torsk *u*	Dorsch, Kabeljau
träbit *u*	Holzstück
träfigur *u*	Holzfigur
trägolv *n*	Holzboden
trafficking *u*	Menschenhandel
trasig	kaputt
trasmatta *u*	Flickenteppich
trivas bra	sich wohl fühlen
tro	glauben
trött	müde
trygg	sicher
tuff	hart
tur *u*	Glück
tvärtom	umgekehrt
tveka	zögern
tveklöst	zweifellos
tydligen	scheinbar
tyst	still, leise
tår *u*	Träne
underjorden *u pl*	Unterwelt
undvika	meiden; vermeiden
ungdomar *pl*	Jugendliche
uppföra sig	sich benehmen
upprepa	wiederholen

upprörd	erregt, aufgeregt
uppsatt	hochgesteckt
uppspärrad	aufgesperrt
urarta	ausarten
utbrista *irr*	ausrufen
utbyte *n*	Austausch
uteservering *u*	Gartenlokal, Straßencafé
utfiska	überfischen
utflykt *u*	Ausflug
utom	außer
utslängd	hinausgeschmissen
vacker	schön
vägg *u*	Wand
van	gewohnt
vänta	warten
vara *irr* kvar	zurückbleiben
vara rädd	Angst haben
vara trött på ngt	einer Sache überdrüssig sein, etw. leid sein
värdfolk *n*	Gastgeber
varenda	jede/r/s
värre (dålig)	schlimmer
Vart tar det vägen?	Wohin geht es?
varuintag *n*	Warenannahme
vedbod *u*	Holzschuppen
vems	wessen, wem gehört
verka	*hier*: scheinen
vifta	wedeln
vila	(aus)ruhen
visa	zeigen
viska	flüstern
visserligen	zwar
vittne *n*	Zeuge
våg *u*	Welle
våning *u*	Etage
ϟ webben *u*	Internet
ytterligare	weiter
yxa *u*	Axt
å *u*	(kleiner) Fluss
ångra sig	bereuen
åtal *n*	Klage
ö *u*	Insel
ödslig	verlassen
öl *n*	Bier
önska	wünschen
övertidsarbete *n*	Überstunden (machen)
övervakningskamera *u*	Überwachungskamera

Förteckning över övningar